心一堂術數古籍珍本叢刊

書名：民國偉人星命錄 附 新增萬年書
系列：心一堂術數古籍珍本叢刊 星命類 第二輯 138
作者：【民國】囂囂子 撰
主編、責任編輯：陳劍聰
心一堂術數古籍珍本叢刊編校小組：陳劍聰 素聞 梁松盛 鄒偉才 虛白盧主

出版：心一堂有限公司
通訊地址：香港九龍旺角彌敦道六一〇號荷李活商業中心十八樓〇五—〇六室
深港讀者服務中心‧中國深圳市羅湖區立新路六號羅湖商業大厦負一層〇〇八室
電話號碼：(852)67150840
網址：publish.sunyata.cc
電郵：sunyatabook@gmail.com
網店：http://book.sunyata.cc
淘寶店地址：https://shop210782774.taobao.com
微店地址：https://weidian.com/s/1212826297
臉書：https://www.facebook.com/sunyatabook
讀者論壇：http://bbs.sunyata.cc/

版次：二零一七年八月初版
平裝

定價：港幣 一百三十八元正
新台幣 五百五十元正

國際書號：ISBN 978-988-8317-66-0

香港發行：香港聯合書刊物流有限公司
地址：香港新界大埔汀麗路36號中華商務印刷大厦3樓
電話號碼：(852)2150-2100
傳真號碼：(852)2407-3062
電郵：info@suplogistics.com.hk

台灣發行：秀威資訊科技股份有限公司
地址：台灣台北市內湖區瑞光路七十六巷六十五號一樓
電話號碼：+886-2-2796-3638
傳真號碼：+886-2-2796-1377
網絡書店：www.bodbooks.com.tw
台灣國家書店讀者服務中心：
地址：台灣台北市中山區松江路二〇九號一樓
電話號碼：+886-2-2518-0207
傳真號碼：+886-2-2518-0778
網絡書店：http://www.govbooks.com.tw

中國大陸發行 零售：深圳心一堂文化傳播有限公司
深圳地址：深圳市羅湖區立新路六號羅湖商業大厦負一層〇〇八室
電話號碼：(86)0755-82224934

心一堂微店二維碼

心一堂淘寶店二維碼

心一堂術數古籍 珍本 整理 叢刊 總序

術數定義

術數，大概可謂以「推算（推演）、預測人（個人、群體、國家等）、事、物、自然現象、時間、空間方位等規律及氣數，並或通過種種『方術』，從而達致趨吉避凶或某種特定目的」之知識體系和方法。

術數類別

我國術數的內容類別，歷代不盡相同，例如《漢書・藝文志》中載，漢代術數有六類：天文、曆譜、五行、蓍龜、雜占、形法。至清代《四庫全書》，術數類則有：數學、占候、相宅相墓、占卜、命書、相書、陰陽五行、雜技術等，其他如《後漢書・方術部》、《藝文類聚・方術部》、《太平御覽・方術部》等，對於術數的分類，皆有差異。古代多把天文、曆譜、及部分數學均歸入術數類，而民間流行亦視傳統醫學作為術數的一環；此外，有些術數與宗教中的方術亦往往難以分開。現代民間則常將各種術數歸納為五大類別：命、卜、相、醫、山，通稱「五術」。

本叢刊在《四庫全書》的分類基礎上，將術數分為九大類別：占筮、星命、相術、堪輿、選擇、三式、讖諱、理數（陰陽五行）、雜術（其他）。而未收天文、曆譜、算術、宗教方術、醫學。

術數思想與發展——從術到學，乃至合道

我國術數是由上古的占星、卜筮、形法等術發展下來的。其中卜筮之術，是歷經夏商周三代而通過「龜卜、蓍筮」得出卜（筮）辭的一種預測（吉凶成敗）術，之後歸納並結集成書，此即現傳之《易

經》。經過春秋戰國至秦漢之際，受到當時諸子百家的影響、儒家的推崇，遂有《易傳》等的出現，原本是卜筮術書的《易經》，被提升及解讀成有包涵「天地之道（理）」之學。因此，《易・繫辭傳》曰：「易與天地準，故能彌綸天地之道。」

漢代以後，易學中的陰陽學說，與五行、九宮、干支、氣運、災變、律曆、卦氣、讖緯、天人感應說等相結合，形成易學中象數系統。而其他原與《易經》本來沒有關係的術數，如占星、形法、選擇，亦漸漸以易理（象數學說）為依歸。《四庫全書・易類小序》云：「術數之興，多在秦漢以後。要其旨，不出乎陰陽五行，生尅制化。實皆《易》之支派，傅以雜說耳。」至此，術數可謂已由「術」發展成「學」。

及至宋代，術數理論與理學中的河圖洛書、太極圖、邵雍先天之學及皇極經世等學說給合，通過術數以演繹理學中「天地中有一太極，萬物中各有一太極」（《朱子語類》）的思想。術數理論不單已發展至十分成熟，而且也從其學理中衍生一些新的方法或理論，如《梅花易數》、《河洛理數》等。

在傳統上，術數功能往往不止於僅僅作為趨吉避凶的方術，及「能彌綸天地之道」的學問，亦有其「修心養性」的功能，「與道合一」（修道）的內涵。《素問・上古天真論》：「上古之人，其知道者，法於陰陽，和於術數。」數之意義，不單是外在的算數、歷數、氣數，而是與理學中同等的「道」、「理」--心性的功能，北宋理氣家邵雍對此多有發揮：「聖人之心，是亦數也」、「萬化萬事生乎心」、「心為太極」。《觀物外篇》：「先天之學，心法也。……蓋天地萬物之理，盡在其中矣，心一而不分，則能應萬物。」反過來說，宋代的術數理論，受到當時理學、佛道及宋易影響，認為心性本質上是等同天地之太極。天地萬物氣數規律，能通過內觀自心而有所感知，即是內心也已具備有術數的推演及預測、感知能力；相傳是邵雍所創之《梅花易數》，便是在這樣的背景下誕生。

《易・文言傳》已有「積善之家，必有餘慶；積不善之家，必有餘殃」之說，至漢代流行的災變說及讖緯說，我國數千年來都認為天災，異常天象（自然現象），皆與一國或一地的施政者失德有關；下至家族、個人之盛衰，也都與一族一人之德行修養有關。因此，我國術數中除了吉凶盛衰理數之外，人心的德行修養，也是趨吉避凶的一個關鍵因素。

術數與宗教、修道

在這種思想之下，我國術數不單只是附屬於巫術或宗教行為的方術，又往往是一種宗教的修煉手段--通過術數，以知陰陽，乃至合陰陽（道）。「其知道者，法於陰陽，和於術數。」例如，「奇門遁甲」術中，即分為「術奇門」與「法奇門」兩大類。「法奇門」中有大量道教中符籙、手印、存想、內煉的內容，是道教內丹外法的一種重要外法修煉體系。甚至在雷法一系的修煉上，亦大量應用了術數內容。此外，相術、堪輿術中也有修煉望氣（氣的形狀、顏色）的方法；堪輿家除了選擇陰陽宅之吉凶外，也有道教中選擇適合修道環境（法、財、侶、地中的地）的方法，以至通過堪輿術觀察天地山川陰陽之氣，亦成為領悟陰陽金丹大道的一途。

易學體系以外的術數與的少數民族的術數

我國術數中，也有不用或不全用易理作為其理論依據的，如揚雄的《太玄》、司馬光的《潛虛》。也有一些占卜法、雜術不屬於《易經》系統，不過對後世影響較少而已。

外來宗教及少數民族中也有不少雖受漢文化影響（如陰陽、五行、二十八宿等學說。）但仍自成系統的術數，如古代的西夏、突厥、吐魯番等占卜及星占術，藏族中有多種藏傳佛教占卜術、苯教占卜術、擇吉術、推命術、相術等；北方少數民族有薩滿教占卜術；不少少數民族如水族、白族、布朗族、佤族、彝族、苗族等，皆有占雞（卦）草卜、雞蛋卜等術，納西族的占星術、占卜術，彝族畢摩的推命術、占卜術……等等，都是屬於《易經》體系以外的術數。相對上，外國傳入的術數以及其理論，對我國術數影響更大。

曆法、推步術與外來術數的影響

我國的術數與曆法的關係非常緊密。早期的術數中，很多是利用星宿或星宿組合的位置（如某星在某州或某宮某度）付予某種吉凶意義，并據之以推演，例如歲星（木星）、月將（某月太陽所躔之宮次）等。不過，由於不同的古代曆法推步的誤差及歲差的問題，若干年後，其術數所用之星辰的位置，已與真實星辰的位置不一樣了；此如歲星（木星），早期的曆法及術數以十二年為一周期（以應地支），與木星真實周期十一點八六年，每幾十年便錯一宮。後來術家又設一「太歲」的假想星體來解決，是歲星運行的相反，週期亦剛好是十二年。而術數中的神煞，很多即是根據太歲的位置而定。又如六壬術中的「月將」，原是立春節氣後太陽躔娵訾之次而稱作「登明亥將」，至宋代，因歲差的關係，要到雨水節氣後太陽才躔娵訾之次，當時沈括提出了修正，但明清時六壬術中「月將」仍然沿用宋代沈括修正的起法沒有再修正。

由於以真實星象周期的推步術是非常繁複，而且古代星象推步術本身亦有不少誤差，大多數術數除依曆書保留了太陽（節氣）、太陰（月相）的簡單宮次計算外，漸漸形成根據干支、日月等的各自起例，以起出其他具有不同含義的眾多假想星象及神煞系統。唐宋以後，我國絕大部分術數都主要沿用這一系統，也出現了不少完全脫離真實星象的術數，如《子平術》、《紫微斗數》、《鐵版神數》等。後來就連一些利用真實星辰位置的術數，如《七政四餘術》及選擇法中的《天星選擇》，也已與假想星象及神煞混合而使用了。

隨着古代外國曆（推步）、術數的傳入，如唐代傳入的印度曆法及術數，元代傳入的回回曆等，其中我國占星術便吸收了印度占星術中羅睺星、計都星等而形成四餘星，又通過阿拉伯占星術而吸收了其中來自希臘、巴比倫占星術的黃道十二宮、四大（四元素）學說（地、水、火、風），並與我國傳統的二十八宿、五行說、神煞系統並存而形成《七政四餘術》。此外，一些術數中的北斗星名，不用我國傳統的星名：天樞、天璇、天璣、天權、玉衡、開陽、搖光，而是使用來自印度梵文所譯的：貪狼、巨門、祿存、文曲，廉貞、武曲、破軍等，此明顯是受到唐代從印度傳入的曆法及占星術所影響。如星命術中的《紫微斗數》及堪輿術中的《撼龍經》等文獻中，其星皆用印度譯名。及至清初《時憲曆》，置閏之法則改用西法「定氣」。清代以後的術數，又作過不少的調整。

此外，我國相術中的面相術、手相術，唐宋之際受印度相術影響頗大，至民國初年，又通過翻譯歐西、日本的相術書籍而大量吸收歐西相術的內容，形成了現代我國坊間流行的新式相術。

陰陽學——術數在古代、官方管理及外國的影響

術數在古代社會中一直扮演着一個非常重要的角色，影響層面不單只是某一階層、某一職業、某一年齡的人，而是上自帝王，下至普通百姓，從出生到死亡，不論是生活上的小事如洗髮、出行等，大事如建房、入伙、出兵等，從個人、家族以至國家，從天文、氣象、地理到人事、軍事，從民俗、學術到宗教，都離不開術數的應用。我國最晚在唐代開始，已把以上術數之學，稱作陰陽（學），行術數者稱陰陽人。（敦煌文書、斯四三二七唐《師師漫語話》：「以下說陰陽人謾語話」，此說法後來傳入日本，今日本人稱行術數者為「陰陽師」）。一直到了清末，欽天監中負責陰陽術數的官員中，以及民間術數之士，仍名陰陽生。

古代政府的中欽天監（司天監），除了負責天文、曆法、輿地之外，亦精通其他如星占、選擇、堪輿等術數，除在皇室人員及朝庭中應用外，也定期頒行日書、修定術數，使民間對於天文、日曆用事吉凶及使用其他術數時，有所依從。

我國古代政府對官方及民間陰陽學及陰陽官員，從其內容、人員的選拔、培訓、認證、考核、律法監管等，都有制度。至明清兩代，其制度更為完善、嚴格。

宋代官學之中，課程中已有陰陽學及其考試的內容。（宋徽宗崇寧三年〔一一零四年〕崇寧算學令：「諸學生習……並曆算、三式、天文書。」「諸試……三式即射覆及預占三日陰陽風雨。天文即預

定一月或一季分野災祥，並以依經備草合問為通。」

金代司天臺，從民間「草澤人」（即民間習術數人士）考試選拔：「其試之制，以《宣明曆》試推步，及《婚書》、《地理新書》試合婚、安葬，並《易》筮法，六壬課、三命、五星之術。」（《金史》卷五十一・志第三十二・選舉一）

元代為進一步加強官方陰陽學對民間的影響、管理、控制及培育，除沿襲宋代、金代在司天監掌管陰陽學及中央的官學陰陽學課程之外，更在地方上增設陰陽學課程（《元史・選舉志一》：「世祖至元二十八年夏六月始置諸路陰陽學。」）地方上也設陰陽學教授員，培育及管轄地方陰陽人。（《元史・選舉志一》：「（元仁宗）延祐初，令陰陽人依儒醫例，於路、府、州設教授員，凡陰陽人皆管轄之，而上屬於太史焉。」）自此，民間的陰陽術士（陰陽人），被納入官方的管轄之下。

至明清兩代，陰陽學制度更為完善。中央欽天監掌管陰陽學，明代地方縣設陰陽學正術，各州設陰陽學典術，各縣設陰陽學訓術。陰陽人從地方陰陽學肆業或被選拔出來後，再送到欽天監考試。（《大明會典》卷二二三：「凡天下府州縣舉到陰陽人堪任正術等官者，俱從吏部送（欽天監），考中，送回選用；不中者發回原籍為民，原保官吏治罪。」）清代大致沿用明制，凡陰陽術數之流，悉歸中央欽天監及地方陰陽官員管理、培訓、認證。至今尚有「紹興府陰陽印」、「東光縣陰陽學記」等明代銅印，及某某縣某某之清代陰陽執照等傳世。

清代欽天監漏刻科對官員要求甚為嚴格。《大清會典》「國子監」規定：「凡算學之教，設肄業生。滿洲十有二人，蒙古、漢軍各六人，於各旗官學內考取。漢十有二人，於舉人、貢監生童內考取。附學生二十四人，由欽天監選送。教以天文演算法諸書，五年學業有成，舉人引見以欽天監博士用，貢監生童以天文生補用。」學生在官學肄業、貢監生肄業或考得舉人後，經過了五年對天文、算法、陰陽學的學習，其中精通陰陽術數者，會送往漏刻科。而在欽天監供職的官員，《大清會典則例》「欽天監」規定：「本監官生三年考核一次，術業精通者，保題升用。不及者，停其升轉，再加學習。如能黽勉供職，即予開復。仍不及者，降職一等，再令學習三年，能習熟者，准予開復，仍不能者，黜退。」除定期考核以定其升用降職外，《大清律例》中對陰陽術士不準確的推斷（妄言禍福）是要治罪的。《大清律例．一七八．術七．妄言禍福》：「凡陰陽術士，不許於大小文武官員之家妄言禍福，違者杖一百。其依經推算星命卜課，不在禁限。」大小文武官員延請的陰陽術士，自然是以欽天監漏刻科官員或地方陰陽官員為主。

官方陰陽學制度也影響鄰國如朝鮮、日本、越南等地，一直到了民國時期，鄰國仍然沿用着我國的多種術數。而我國的漢族術數，在古代甚至影響遍及西夏、突厥、吐蕃、阿拉伯、印度、東南亞諸國。

術數研究

術數在我國古代社會雖然影響深遠，「是傳統中國理念中的一門科學，從傳統的陰陽、五行、九宮、八卦、河圖、洛書等觀念作大自然的研究。……傳統中國的天文學、數學、煉丹術等，要到上世紀中葉始受世界學者肯定。可是，術數還未受到應得的注意。術數在傳統中國科技史、思想史，文化史、社會史，甚至軍事史都有一定的影響。……更進一步了解術數，我們將更能了解中國歷史的全貌。」（何丙郁《術數、天文與醫學中國科技史的新視野》，香港城市大學中國文化中心。）

可是術數至今一直不受正統學界所重視，加上術家藏秘自珍，又揚言天機不可洩漏，「（術數）乃吾國科學與哲學融貫而成一種學說，數千年來傳衍嬗變，或隱或現，全賴一二有心人為之繼續維繫，賴以不絕，其中確有學術上研究之價值，非徒癡人說夢，荒誕不經之謂也。其所以至今不能在科學中成立一種地位者，實有數因。蓋古代士大夫階級目醫卜星相為九流之學，多恥道之；而發明諸大師又故為悄恍迷離之辭，以待後人探索；間有一二賢者有所發明，亦秘莫如深，既恐洩天地之秘，復恐譏為旁門左道，始終不肯公開研究，成立一有系統說明之書籍，貽之後世。故居今日而欲研究此種學術，實一極困難之事。」（民國徐樂吾《子平真詮評註》，方重審序）

現存的術數古籍，除極少數是唐、宋、元的版本外，絕大多數是明、清兩代的版本。其內容也主要是明、清兩代流行的術數，唐宋或以前的術數及其書籍，大部分均已失傳，只能從史料記載、出土文獻、敦煌遺書中稍窺一鱗半爪。

術數版本

坊間術數古籍版本，大多是晚清書坊之翻刻本及民國書賈之重排本，其中豕亥魚魯，或任意增刪，往往文意全非，以至不能卒讀。現今不論是術數愛好者，還是民俗、史學、社會、文化、版本等學術研究者，要想得一常見術數書籍的善本、原版，已經非常困難，更遑論如稿本、鈔本、孤本等珍稀版本。在文獻不足及缺乏善本的情況下，要想對術數的源流、理法、及其影響，作全面深入的研究，幾不可能。

有見及此，本叢刊編校小組經多年努力及多方協助，在海內外搜羅了二十世紀六十年代以前漢文為主的術數類善本、珍本、鈔本、孤本、稿本、批校本等數百種，精選出其中最佳版本，分別輯入兩個系列：

一、心一堂術數古籍珍本叢刊

二、心一堂術數古籍整理叢刊

前者以最新數碼（數位）技術清理、修復珍本原本的版面，更正明顯的錯訛，部分善本更以原色彩色精印，務求更勝原本。并以每百多種珍本、一百二十冊為一輯，分輯出版，以饗讀者。

後者延請、稿約有關專家、學者，以善本、珍本等作底本，參以其他版本，古籍進行審定、校勘、注釋，務求打造一最善版本，方便現代人閱讀、理解、研究等之用。

限於編校小組的水平，版本選擇及考證、文字修正、提要內容等方面，恐有疏漏及舛誤之處，懇請方家不吝指正。

心一堂術數古籍 珍本 整理 叢刊編校小組

二零零九年七月序

二零一四年九月第三次修訂

乙丑仲秋新增

中華民國偉人星命錄

山陰囂囂子著

（張志潭）

月德 甲申

天德 乙亥 亡神

辛巳 劫煞

戊子

（黎元洪）

甲子

甲戌

丁巳 劫煞 天月德

甲辰

乙亥辛巳。內藏丙子丁丑戊寅己卯庚辰。丑爲甲貴人。寅爲辛貴人。辛巳戊子。內藏壬午癸未甲申乙酉丙戌丁亥。午爲辛貴人。未爲甲貴人。名爲暗帶。見三命通會卷六。甲年見戊。是爲偏財。子爲戊之旺地。凡偏財臨帝旺。臨庫地。臨長生。均爲貴格。若拘子平六陰朝陽。則巳宮丙火。在不取之列。不如偏財坐旺地之可信。巳宮丙火合辛庚金合乙。子宮癸水合戊。俱主貴。

三甲爲三位聚集格。甲子甲戌拱亥。亥爲甲年之長生。丁日之貴人。是即拱貴格。凡拱格見衝得力。有如庫土須衝。妙在巳字衝亥。亥交卯。與戌作合。故得意。甲見戌爲活祿。見三命通會論祿馬力等臨官。甲年見辰戌。又見火。必貴。見三命通會卷四。甲坤貴數五詩。

（吳佩孚）

甲戌
戊辰
己酉
丁卯 沐浴

甲年見戊辰。古法名爲偏財坐庫格。甲己化土。臨于辰月。是爲得地。辰酉一合。卯戌一合。與徐世昌相同。甲見戊爲偏財。辰爲戊之正庫。交癸運與月上之戊合。故得意。交酉運。酉爲己土之敗地。古法水土敗于酉。非如子平謂丁己長生在酉也。甲年見辰戌。又見火。必貴。

（湯化龍）

月德 甲戌
天德 乙癸
戊子
癸亥

此造與李長泰可參看。納音三火。故利于文職。古法戊見子爲陽刃。非如子平以戊見午爲陽刃也。交庚運。庚見亥爲絕地。見戌爲衰地。見子爲傷官。故厄于非命。此所以與李長泰不同也。

（孫 文）

天德 乙丑
丁亥 馬 貴人
丁酉 貴人
壬寅 劫煞

（張作霖）

乙亥
己卯 祿
己卯
乙亥

凡貴人驛馬。頭上見食神。爲貴格。丁爲乙食神。丁亥丁酉拱戌。戌爲乙之財庫。又爲乙之活祿。丁壬化木。臨於寅亥。三命通會名爲官星六合。但時上寅爲丑年之劫煞。此爲缺點。此造兩丁一壬。與洪秀全格可參看。洪秀全格辛未年。丁酉月。壬戌日。丁未時。比較之可知矣。較張孤爲勝者。力在丁見亥酉之貴人。壬戌年塡實。故不利。丁壬見寅亥。名官星六合。見三命通會論正官。

乙亥己卯。暗帶丙子丁丑戊寅三位。丙丁戊爲暗合壬癸辛三奇。說見蘭台妙選。段祥瑞命中已詳之。可見暗合三奇。其爲貴格也無疑。消息賦云。生月坐祿。入仕得赫奕之名。乙年坐卯月。正合其說。朝元得長生更貴。亥宮甲合己土。故無殺重之嫌。

（李　純）

乙亥 天德
乙酉
己卯
庚午

（齊　燮　元）

乙酉
庚辰
甲寅
庚午

乙亥乙酉拱戌。戌爲乙之財庫。可與張弧孫文參看。乙旺于卯。庚旺于酉。不嫌相衝。午卯酉易經納甲。即巽之初爻。交于乾生離。初爻納卯酉。是四正局得三位。卯午夾辰巳。午酉夾未申。此爲子平家所不知。時上午爲乙之死地。故晚局不如初矣。古法卯乙同宮。乙長生在亥。死于午。乙庚化金。坐酉得地。坐午爲敗地。見亥卯爲化氣見財。

乙庚化金。辰酉化金。名爲官星六合。又名攀龍附鳳。甲己化土。力能生乙庚之金。庚辰乙酉。暗帶辛巳壬午癸未辛壬癸爲三奇。未爲甲之貴人。寅午火局。交丙運。尅制乙庚辰酉。嫌太過矣。酉年支庚之時干見之。爲朝元。刃乙庚見午爲敗地。是宜見幾。

(蕭耀南)

乙亥
己卯
月德 甲申 貴人
庚午

乙亥己卯。暗帶丙子丁丑戊寅。說詳段祺瑞命中。甲見丑爲貴人。見寅爲祿。力等于拱貴拱祿。申爲天德。甲爲月德。申爲乙年之貴人。乙庚化金。見亥卯化木。是爲化氣得財。與李純陳樹藩兩命可參看。甲己化土。月德作合。乙庚敗於午。是宜知止。

(孫傳芳)

乙酉
庚辰
天月德 壬寅
己酉

乙庚化金。辰酉化金。是爲官星六合。說詳齊燮元命中。壬寅己酉。在一旬中。暗帶己卯之貴人。蘭台妙選謂乙酉庚辰。攀龍附鳳格。壬爲天月德。亥子運。子爲壬之陽刃。壬見酉爲敗地。是宜知止。

(曾毓雋)

乙亥
癸未
己亥
辛未

(姚震)

乙酉
丙戌 天月德
庚申 貴人
辛巳

未爲乙年之本庫。古法本庫作印論。亥年華蓋在未。是爲華蓋坐印。乙亥癸未暗帶丙子丁丑戊寅己卯庚辰辛巳壬午。子爲乙己之貴人。寅卯辰爲乙之旺地。妙在乙己癸爲暗合印戊庚之三奇。說見蘭台妙選。乙年見己己亥。偏才坐旺地。乙年見辛。爲食神坐庫。是宜大貴。

乙庚見申酉戌。是爲化氣得旺地。妙在丙辛化水。化氣相生。大貴格也。未運爲乙年之庫。與戌相刑。故不利。現交壬午運。大可發展。凡天月德合。又見貴人者。作大貴格

（齊耀珊）

乙丑
辛巳
庚子 貴人
丙子 貴人

乙庚化金。丙辛化水。化氣相生。為合化格。乙年見子為貴人。子丑一合。為合貴格。庚見丑亦為貴人。是為交見貴人。

辛為天德。丙辛為天德合。天德合必大貴。

（王克敏）

丙子
天月德 壬辰
天月德 壬申
乙巳

在子平名為潤下格。在古法則重丙年。丙之化氣為水。不得作火看。一有氣水。故見申子辰為旺地。壬為天月德。壬辰壬申。拱巳午未。為丙之旺地。為壬之財局。時上巳。為丙祿。申巳合祿。

（靳雲鵬）

天月德 丙子
戊戌
甲子
庚午

（曹汝霖）

丙子
辛丑
丙申
戊子

丙子一年爲雙包格。甲戊庚三奇。見丙之天月德。即爲有力。甲子庚午。暗帶乙丑丙寅丁卯戊辰己巳五位。乙丙丁爲三奇。丑爲甲戊庚之貴。巳爲丙之祿。力等于拱祿拱貴。

凡甲戊庚三奇。喜見丑未寅辰。見子午爲暗合丑未貴人。

丙辛化水。子丑化土。丙申至丑。暗帶丁酉戊戌己亥三位。酉亥爲丙之貴人。戌爲丙之本庫。古法本庫作印論。三命通會云。丙戊見申子。貴擬王謝。丙見戊子。是爲食神坐旺地。

（林長民）

丙子
乙未
癸卯
戊午

癸旺于子。丙旺于午。乙旺于卯。子午卯爲四正位。各佔旺地。故不嫌衝。乙未癸卯暗帶丙申。丁酉。戊戌。己亥。庚子。辛丑。壬寅。七位。酉亥爲丙之貴人。是亦拱貴格。

蘭台妙選云。官祿會于帝座。生在子午者。拜書受恩。

（陸宗輿）

丙子
甲午
甲戌 天德
戊辰

甲戌甲戌。拱未申酉三位。未爲甲貴。酉爲丙貴。是爲拱格。

丙爲月德。戊爲天德。丙見戊辰。是爲食神坐庫格。

（范 源 濂）

丙子
戊戌
丁巳
丙午

丙丁戊暗合庚辛壬三奇。說見蘭台妙選。丙子丙午。納音均屬水。是爲明衝暗合。丙癸天月德。丙子水命。時上見丙午天河水。癸迢凡入聖格。亦見蘭台妙選。丙午見戊戌。是爲食神坐庫。以貴。

（孫 寶 琦）

丁卯
甲辰
丙子
丙申

丁有木氣。丁壬化木之故。丙有水氣。丙辛化水之故。水木見申子辰。甚爲得地。丙申丙子。拱酉戌亥。亥酉爲丙丁之貴人。戌爲丙丁之印庫。

（盧永祥）

丁卯
庚戌
乙亥
丁丑

乙庚一合。卯戌一合。乙亥丁丑。暗帶丙子貴人。力等拱貴。妙在丁字衝出子字。丁作午看。凡暗帶與拱格。非衝不開。與井土同例。子平謂拱格忌衝者。試之實無一驗。不可信從。丁見亥中壬水一合。更爲可貴。

（王承斌）

丁丑
戊申
壬戌
丙午

蘭台妙選云。丁丑水命。時上見丙午天河水。是爲迢凡入雲格。可與范源濂熊希齡命參看。壬爲月德。壬爲丁月德。合。丁壬生于申子辰月。得氣甚旺。交癸運。癸與戊合。故得意。卯運。卯爲丁年之沐浴。不利矣。申宮壬。丁年爲丁壬合。丑宮癸。戊月爲戊癸合。戌宮辛。丙時爲丙辛合。

（韓國鈞）

丁巳
癸卯
丙辰
癸巳

巳爲風。卯爲雷。得辰則風雷有力。蘭台妙選謂癸巳爲學海。卯爲震。辰巳爲巽。丙丁爲離。凡丙丁見卯辰巳者。得文明之象。必有才學。但性必卞急。此乃風雷之故。丁爲天德。

（許崇智）

丁亥
庚戌
甲子
庚午

甲敗于子。庚敗于午。敗地逢衝必貴。甲子庚午。暗帶乙丑丙寅丁卯戊辰己巳五位。甲見丑爲貴人。見寅爲祿。力等拱祿拱貴。丁見庚戌正財坐庫。

（周陰人）

丁亥
丁未
乙酉
丁亥

三丁爲三位聚集格。丁見亥爲貴人。乙酉丁亥。暗拱丙戌。戌爲丁年之火庫。暗拱本庫爲貴格。乙日見戌爲財庫。可與孫文張弧兩格參看。

（田文烈）

戊午
癸亥
辛酉
庚寅

戊癸化火。寅亥化木。寅爲辛貴。是爲合貴。辛酉癸亥。暗帶壬戌。戊癸化火。火庫于戌。凡本庫古法作印論。幸見寅午雙貴。貴人中之上選格也。

（馮國璋）

戊午
乙丑
乙巳
己卯

戊見丑。丑爲貴人。丑上見乙。是爲官星坐貴。所謂貴人頭上戴財官。門開驅馬是也。乙丑乙巳拱寅卯。除卯字巳露外。寅爲虎。爲乙之祿。爲戊之偏官。巳卯夾辰。辰爲龍。爲戊之本庫。本庫作印論。巳爲風。卯爲雷。龍虎風雷。爲蘭台篇所推爲大貴格。

（陸榮廷）

戊午
辛酉
乙卯
丙戌

辛旺于酉。乙旺于卯。各佔旺地。故不嫌衝。乙卯辛酉。相距七位。蘭台妙選名爲七日來復格。蓋在一旬中。不作天衝地擊看也。乙卯辛酉暗帶丙辰丁巳戊午己未庚申五位。未爲戊貴。申爲乙貴。寅爲天德。丙辛化水。卯戌化火。化氣得財。爲貴格。惜丙戌時爲朝元刃。

（王揖唐）

戊寅 天德
辛酉
丁巳
丁未 貴人

子平以丁巳丁未拱午祿。名拱祿格袁世凱亦如是。但拱格喜衝。袁命有癸衝午。更爲有力。所喜在戊年見之。午爲印星也。寅爲天德。古法丙丁長生在寅。午爲陽刃。即丙丁之旺地。

（倪嗣冲）

戊辰
甲寅
壬戌
壬寅

三命通會卷六。有龍吟虎嘯格。謂戊辰見甲寅是也。壬戌壬寅。拱亥子丑。戊年見之爲財局。丑爲戊年之貴人。亥子爲壬之旺地。可作拱祿拱貴格。甲爲月德。戊年見壬戌。偏財坐庫。

(袁世凱)

己未
癸酉
丁巳
丁未

蘭台妙選云。己未見癸酉。則月升滄海。己未為月。酉為滄海。此在子平名拱祿格。妙在癸字衝午。此造全陰。其性情可不問矣。此老關于世運。觀此造不能無慨也。

(薩鎮冰)

己未
丁卯
丁卯
乙巳 馬

年月日時。納音均火。蘭台妙選。名為一氣為根。己未生人見卯。為扶桑出日。見蘭台妙選。說詳見李經羲命中。未為天德。

（張紹曾）

己卯

甲戌

乙亥

己卯

（周自齊）

己巳

天德 乙亥 馬

壬子 貴人

乙巳

甲己一合。卯戌一合。乙亥己卯。暗帶丙子丁丑戊寅己卯。說詳段祺瑞命中。天干地支雙化者。作貴格。己年見甲戌。是爲官星坐庫。己卯甲戌。又爲官星六合。甲爲己官故也。

兩巳一亥爲雙包。不作衝論。乙巳壬子。暗帶丙午丁未戊申己酉庚戌辛亥六位。申爲己年之貴。亥爲壬壬之祿。作拱貴拱祿論。乙爲天德。亥爲馬。己見乙爲官星坐馬。亥宮甲與巳合。甲爲己官。壬見亥祿。是爲祿馬同宮。

（沈銘昌）

己巳
甲戌
丁丑　華蓋
辛亥　馬

甲己一合。己巳甲戌。暗帶辛未壬申癸酉。甲戌丁丑。暗帶乙亥丙子。子爲己年之貴。酉爲丁日之貴。力等于拱貴格。己巳見甲戌。是爲官星坐庫。己年見辛亥。是爲食神坐馬。爲貴格。

（汪大燮）

己未
乙亥　天德
癸亥
丙辰

己年見癸亥。是爲偏財坐旺地爲貴格。又乙巳癸暗合甲戌庚三奇說詳曾毓雋命中。乙亥癸亥拱甲。甲爲己年之官星。亥爲甲之長生。官星臨長生之位。辰爲癸之本庫。古法本庫爲印。丙辰癸亥。暗帶巳午未申酉戌。癸日辰時。可參看徐世昌錢能訓命。

（錢能訓）

己巳
丁丑 華蓋
癸丑 華蓋
丙辰

丁丑癸丑拱甲乙丙。癸丑丙辰。暗帶甲寅乙卯。甲見丑爲貴人。凡癸丑見丙丁。是爲魁星南指。癸丑爲北斗魁星。說詳蘭台妙選。甲辰一旬。皆爲魁星日。癸日辰時。徐世昌。朱啓鈐皆同。

（譚延闓）

己卯
丁丑
癸丑
乙卯

乙己癸暗合甲戊庚障奇。妙在癸見卯爲貴人。甲戊庚見丑。又爲貴人。癸丑見丁。是爲魁星南指。說詳錢能訓命中。己年見癸丑是爲偏財坐庫。可與錢能訓參看。癸丑乙卯。暗帶甲寅。爲己年之官星。

（龔心湛）

己巳
己巳
甲子 貴人
壬申 貴人

己巳至壬申。在一旬中。蘭台妙選云。一旬中三位四位。爲公卿。凡在一旬中。暗帶必多。故推貴格。甲己一合。申巳一合。己見申子雙貴。更爲可貴。己年見壬申。財臨長生。必富貴。

（段芝貴）

己巳
甲戌
壬辰
庚子

己巳見甲戌。爲官星坐庫。爲大貴格。巳爲蛇。辰爲龍。壬辰爲天地。蘭台妙選云。蛇化青龍入天淵。功名赫奕。己巳甲戌。暗帶庚午辛未壬申癸酉甲申爲己之貴人。壬辰庚子。暗帶癸巳甲午乙未丙申丁酉戊戌六位。辰爲己之本庫。戌宮丁火。與壬作合。己巳甲戌。見丁壬必貴。可參看沈銘昌命。

（張樹元）

己卯
丁卯
壬子 貴人
癸卯

三卯爲三位聚集格。己卯丁卯拱丙。丁壬化木。見卯得力。
己年見壬子是爲財臨旺地。

（熊希齡）

庚午
癸未 貴人
庚申 馬祿
丁亥

庚見未爲貴人。午未一合。名爲合貴午未申亥。一氣相聯。未申爲坤庚爲地亥爲乾爲天。是爲天關地軸。且庚午土命。見丁亥時。是爲超凡入聖格。見蘭台妙選。說詳王承斌命中丁亥亦爲土。庚午見申。祿馬同宮。洵大貴格。

(趙恆惕)
庚辰
戊子
庚申

庚年見申子辰。是爲井闌格。庚辰戊子。暗帶辛巳壬午癸未甲申乙酉丙戌丁亥七位。未爲庚戊之貴。庚祿于申。申子辰成局。是爲合祿。子宮癸水。與戊作合。無水土混濁之嫌

(高凌霨)
庚午
乙酉
辛亥
戊戌

乙庚一合。臨于酉月。化氣得力。庚爲月德。午爲辛貴。庚午在甲子旬中。乙酉在甲申旬中。辛亥在甲辰旬中。戊戌在甲午旬中。胎元丙子在甲戌旬中。年月日時胎各佔一旬。爲貴格。

(田中玉)

庚午
丁亥
丙辰
乙未 天德

(周樹模)

庚辰
乙酉
癸癸
癸亥

乙丙丁三奇。午未合貴。乙爲天德。乙丙丁須見寅爲貴。交寅運發跡。三奇見天德貴人。大貴格。庚年見乙未。是爲正才坐庫。庚年見辰亥必貴。參看陸錦命可證。

庚辰乙酉。天干地支俱見從化。說詳齊燮元命中。庚辰乙酉。暗滯辛巳壬午癸未甲申四位。巳爲癸貴。未爲庚貴。力等拱貴格。庚見辰亥必貴。參看田中玉陸錦命可證之。

（吳毓麟）

庚午

巳丑

丁卯

戊申馬

庚年貴人在丑。午年年支馬在申。申上之干爲戊。庚年見之。是爲馬上得印。又爲祿馬同鄉。大貴格也。說詳三命通會論祿馬。丑上之己。庚年見之。貴人戴印。

（李厚基）

庚午

己丑

壬寅

庚戌

庚年見寅午戌。是爲化氣官星。得三合。妙在兩庚。是以受之。庚貴于丑。庚爲天月德。有貴有天月德。貴格也。己爲庚年印。貴人戴印。

(岑春煊)

辛酉

天月德 壬辰

辛亥 馬

丁酉 祿

丁壬化木。辰酉化金。辰爲辛之活祿蘭台妙選云。亥爲雙魚。見龍而躍。壬辰爲最。故名魚躍龍池。又名龍躍天門。亥爲乾。爲天門。壬爲天月德。丁壬爲天月德合。祿馬同見尤奇。

(張作相)

辛巳

辛卯

辛丑

辛卯

天元一字格。辛卯辛巳拱辰。辰爲辛之活祿。爲辛之正印。辛丑辛卯拱寅。寅爲辛之正財。辰爲龍。寅爲虎。暗拱龍虎。得一必貴。說詳蘭台妙選。

（唐紹儀）

辛酉

庚子

丙辰 天德

己丑 華蓋

丙辛化水。臨子得地。辰酉合金。子丑合土。辰爲子月之天德。是爲天德合。辛年見丑爲本庫。古法名印綬。華蓋坐印必大貴。

（葉恭綽）

辛巳

己亥 馬

月德 壬戌

甲辰

此格可與李思浩命參看。凡巳亥見辰必貴。辛長生于巳。己長生于亥。蘭台妙選云。嘯風猛虎。庚辛值于巽宮。辰巳爲巽。庚辛爲白虎。己亥爲大林木。木能生風。風生則虎有力。巳宮丙合辛。戌宮丁合壬。合多必貴。

（王士珍）

辛酉
丙申
庚子
丙戌

丙辛化水。又見申酉戌以生之。辛祿于申所謂生月坐祿。功名赫弈。合于消息賦之說。丙申庚子。暗帶丁酉戊戌己亥。酉戌巳露不計外。亥爲丙之貴人。庚之食神。可貴。

（張敬堯）

辛巳
丙申
乙酉
庚辰

丙辛化水。申巳又化水。乙庚化金。辰酉又化金。是爲官星六合。說詳齊燮元命中。凡己酉庚辰得之必貴。暗帶辛巳壬午癸未甲申之故。壬癸辛爲三奇。巳午未爲南方火局。

（王占元）

辛酉

庚寅 貴

庚子

丙子

（李思浩）

辛巳

壬辰 天月德

己亥 馬

戊辰

庚寅庚子拱丑。丑爲庚貴。又爲庚辛之本庫。古法名爲印庫。庚子丙子拱乙。乙爲庚辛之財。乙見子爲貴人。凡拱格暗帶格得之必貴。酉見寅名爲虎臥鳳闕。寅爲箕星。酉爲畢星。丙壬爲兩乙。運得意。乙庚化金之力。辛年見寅爲貴人。丙辛合。見酉爲合祿。

己見辰巳。是爲勾陳得位。又名魚躍龍池。又名龍躍天門。蘭台妙選又云蛇化青龍入天池。功名赫奕。此格合之。妙在辰爲辛之活祿。活祿見珞琭子消息賦注。又名祿堂。壬辰巳亥在一旬中。巳宮丙合辛。亥宮甲合己。辰宮癸合戊。凡三合多者必貴。

（馮玉祥）

壬午

庚戌

己酉

甲戌

（曹錕）

壬戌

壬子

庚子

丁丑

兩戌均爲午年生人之華蓋。華蓋須重見乃貴。蘭台妙選云。重蓋重金。作廟堂瑰瑋之客。子平云。魁罡疊壓掌威權。庚戌魁罡兩見。卽重重也。人鑑誤刊庚戌。玆辨正之。

壬戌壬子拱亥。爲拱祿格。蘭台妙選云。水居湖海。粟汪洋之碩量。子爲湖海。凡壬戌癸亥年生人見之。合格。壬子爲魁星。日。庚子壬子。相距十三位。蘭台妙選云。十三位柄見魁星。鳳池頻職。此格可與閻錫三參看。壬爲月德。丁壬爲月德合。壬化木。子丑化土。化氣得財。

（吳光新）

壬午
丙午
甲申 馬
甲子

丙午一子。是爲子午雙包格。得之者必大貴。壬午見丙午。是爲偏財臨旺地。甲申見丙午。是爲食神臨旺地。現交戌運。戌爲甲之活祿。又與午合。名利均達。申爲馬。甲申爲壬年之食神坐馬。爲大貴格。

（蔡成勳）

壬申
庚戌
乙卯
乙酉

乙庚一合。卯戌一合。爲合貴。庚戌乙卯。暗帶辛亥壬子癸丑甲寅四位。子爲乙貴。壬癸辛爲三奇。亥子丑爲北方水局。均在暗帶之中。力等于拱。現交丙運。丙沖年上之壬。是宜見殺。乙庚金見卯戌火化氣得官。給盧河群格同。若以乙庚見申酉戌觀之。亦大貴。

（王正廷）
月德 壬午
戊申 馬
己酉
丁卯

壬戊己旺于申酉。丁旺于午。丁壬化木。臨于申月得地。卯為壬貴。丁為壬財。子平云。貴人頭上戴財官。門開駟馬。壬為月德。丁壬為月德合。是為大貴格。申為馬。戊申為壬年之官星坐馬。

（李鼎新）
壬戌
乙巳 貴人
己亥 祿
丙寅

己亥乙巳。暗帶庚子辛丑壬寅癸卯甲辰五位。卯為壬貴。子為己貴。力等拱貴。明見之巳為壬貴。亥為壬祿。寅亥合祿。丙旺于寅巳。壬己旺于亥。不作衝論。反為有力。壬年見丙為偏財。丙寅為財坐長生。為貴格。

（鄭士琦）

癸酉
戊午
乙卯 貴人祿
戊寅

戊癸化火。臨于寅午。得地。乙卯戊午。暗帶丙辰丁巳。巳為癸貴。辰為癸之本庫。本庫古法作印論。癸年見乙卯。為食神坐旺地。

（唐繼堯）

癸未
庚申
庚寅
癸未 華蓋貴人

未年生人見未。為華蓋。凡華蓋須重見為貴。年月日時。納音四木。是即一氣為根格。可與薩鎮冰格參看。癸為天德。庚為癸年印坐祿。更奇。

（張謇）

癸丑
戊午
己巳 貴
丁卯

丁卯己巳。暗帶戊辰。辰爲癸之本庫。古法作印論。戊辰化火。臨于午月。火乃得地。巳爲風。卯爲雷。暗帶得辰。風雷有力。

（閻錫三）

癸未
辛酉
己酉
乙丑

乙己癸暗合甲戊庚三奇。妙在見丑。丑未爲甲戊庚之貴人。己酉辛酉爲十三位。己酉爲魁星日。蘭台妙選云。十三位炳見魁星。鳳池顯職。丑爲天德。

（李烈鈞）

癸酉
癸亥 馬祿
壬申
庚戌

天干一氣。地支一氣。亥爲天關。申爲地軸。壬癸見申爲旺地。癸年坐亥月。是爲生月坐祿。正合消息賦。功名赫奕之說。惜戌亥爲甲子旬之空亡。未免美中不足。乙丑年必大得意。亥爲祿馬同宮。

（梁啟超）

癸酉
甲寅
丙午
癸巳

丙午甲寅。暗帶丁未戊申己酉庚戌辛亥壬子癸丑。甲辰一旬中。俱爲魁星。妙在癸年癸時。癸爲北方魁星。暗帶。爲北方所領。故有文才。癸年見丙午。是爲財臨旺地。寅午合。巳酉合。癸見巳貴。爲合貴格。

（梁鴻志）

癸未
甲子
丙戌
辛卯

（姚國楨）

癸未
壬戌
癸丑
丙辰

癸年子月。生月坐祿。消息賦云。功名赫奕。丙辛化水。卯戌化火。化氣得財。大富貴格。卯戌又爲合貴格。癸年見卯貴在時。更奇。丙戌辛卯。暗帶丁亥戊子己丑庚寅。除子巳露外。亥爲丙貴。寅爲丙長生。丑爲甲貴。幷見壽考。

辰戌丑未四庫俱全。壬癸庫于辰。丙庫于戌。辰爲水庫。戌爲火庫。水火之庫己開。丑爲金庫。可以生辰。未爲木庫。可以生戌。丙爲天月德。妙在癸丑丙辰拱甲寅乙卯。卯爲癸壬之貴人。洵推大貴格。凡癸日辰時。如徐世昌朱啓鈐錢能訓汪大燮俱大貴。此正財坐庫之力。

（張載揚）

癸酉
乙丑
庚寅
丙子

乙庚一合。子丑一合。化氣得印。庚爲天月德。丑爲庚日貴人。難在天月德見合。洵大貴格。

（許世英）

癸酉
辛酉
乙丑
辛巳

癸之本體爲水。化氣爲火。見巳酉丑於化氣爲財。乙之本體爲木。化氣爲金。見巳酉丑。于化氣爲同類。故乙木不畏巳酉丑。妙在巳宮庚金。與乙相合。丑爲華蓋癸見乙。爲食神坐華蓋。會元陸增煒年月日與此命同。其時爲乙酉則不同矣。蓋巳宮之庚金與乙合。甚爲有力。

乙丑仲秋

新增萬年書

山陰隴西山人校正

新增萬年書

【起八字訣】

◉年上遁月

甲己之年丙作首乙庚之歲戊爲頭丙辛之歲尋庚上丁壬壬位順行流更有戊癸何處起甲寅之上好追求細語世人相傳記免得當事時用疑

◉日上遁時

甲己還加甲乙庚丙作初丙辛從戊起丁丑庚子居戊癸何方發壬子是眞途

◉看命人式

凡看命排下八字以日爲主取年爲根爲上祖纔知世派之盛衰取月爲苗爲父母則知親蔭之有無日干爲身支爲妻時爲花實爲子息方知嗣續之所歸法分月炁淺深得令不得令年時露出財官須要身旺如身衰財旺多反

破財傷身身旺財多財亦旺財多稱意若無財官次看印綬得何局勢吉凶斷之學者不可執泥而不知通變也

◉月令詳辯

假令年爲本帶官星印綬則年上有官出自祖宗月爲提綱帶官星印綬則慷慨聰明見識高人時爲輔佐平生操履若年月日有吉則時要歸生旺之處若凶神則要歸時制伏之鄉時上吉凶神則要年月日吉者主之凶者制之假令月令有用神得父母力年有用神得神宗力時有用神得子孫力反此不吉也

◉起大運法陽男陰女

如甲子年甲己之年丙作首正月建丙寅初一日立春後一日生男折除三日如一年順數至二月驚蟄十三三十日起十歲丁卯是也如乙丑年乙庚之

歲戊爲頭正月起戊寅初一立春十八日生女順數至二月驚蟄四三十二日四歲運己卯順行是也餘倣此

◎起大運法陰男陽女

如乙丑年乙庚之歲戊爲頭正月起戊寅初二立春後十五日生男逆數至初一立春正五三十五五歲運逆行如甲子年甲己之年丙作首正月丙寅初一立春後十日生女逆數至初一日立春止得九日三三單九三歲運逆行餘倣此

◎子平舉要

造化先須看日主坐官坐印衰强取天時月令號提綱原有原無輕重舉露官藏殺方爲福露殺藏官是禍胎殺官俱露將何擬混雜須殺議官官怕損忌刑沖官輕見財爲福利年上傷官最可嫌怕傷官不可觸傷官用財乃爲財

福絕官衰禍亦然貪合忘官榮不足貪合忘殺爲己福堪嗟身弱并財多更歷官鄉禍相遂財多身弱食神來生殺必爲灾會合天地有刑尅逢生細推裁

◉江湖摘錦

用之爲官不可傷用之爲財不可刼用之印綬不可破用之食神不可奪若有七殺須要制制服太過反爲凶傷官眞怕行官運傷官尤喜見財星印綬好殺嫌財旺羊刃怕冲喜合迎比肩要逢七殺制七殺尤喜見食神此是子平撮要法江湖術者仔細明

◎男命小運定局

乙丑一歲 丙寅二歲 丁卯三歲 戊辰四歲 己巳五歲 庚午六歲 辛未七歲 壬申八歲

癸酉九歲 甲戌十歲 乙亥十一歲 丙子十二歲 丁丑十三歲 戊寅十四歲 己卯十五歲 庚辰十六歲

辛巳十七歲 壬午十八歲 癸未十九歲 甲申二十歲 乙酉二十一歲 丙戌二十二歲 丁亥二十三歲 戊子二十四歲

己丑二十五歲 庚寅二十六歲 辛卯二十七歲 壬辰二十八歲 癸巳二十九歲 甲午三十歲 乙未三十一歲 丙申三十二歲

丁酉三十三歲 戊戌三十四歲 己亥三十五歲 庚子三十六歲 辛丑三十七歲 壬寅三十八歲 癸卯三十九歲 甲辰四十歲

乙巳四十一歲 丙午四十二歲 丁未四十三歲 戊申四十四歲 己酉四十五歲 庚戌四十六歲 辛亥四十七歲 壬子四十八歲

癸丑四十九歲

此法陽命甲子時生則行乙丑一二歲丙寅陰則癸亥週而復始

◎女命小運定局

乙丑一歲 丙寅二歲 丁卯三歲 戊辰四歲 己巳五歲 庚午六歲 辛未七歲 壬申八歲

癸酉九歲 甲戌十歲 乙亥十一歲 丙子十二歲 丁丑十三歲 戊寅十四歲 己卯十五歲 庚辰十六歲

辛巳十七歲 壬午十八歲 癸未十九歲 甲申廿歲 乙酉廿一歲 丙戌廿二歲 丁亥廿三歲 戊子廿四歲

己丑廿五歲 庚寅廿六歲 辛卯廿七歲 壬辰廿八歲 癸巳廿九歲 甲午卅歲 乙未卅一歲 丙申卅二歲

丁酉卅三歲 戊戌卅四歲 己亥卅五歲 庚子卅六歲 辛丑卅七歲 壬寅卅八歲 癸卯卅九歲 甲辰卌歲

乙巳卌一歲 丙午卌二歲 丁未卌三歲 戊申卌四歲 己酉卌五歲 庚戌卌六歲 辛亥卌七歲 壬子卌八歲

癸丑卌九歲

起八字訣終

嘉慶十七年壬申

月	干	支	節氣	節氣
正月小	乙	亥酉未	初八壬午丑初一刻雨水	廿二丙申夜子三刻驚蟄
二月小	甲	辰寅子	初九壬子丑初二刻春分	廿四丁卯卯正初刻清明
三月大	癸	酉未巳	初十壬午未正初刻穀雨	廿六戊戌丑初初刻立夏
四月小	癸	卯丑亥	十一癸丑未正二刻小滿	廿七己巳卯正一刻芒種
五月大	壬	申午辰	十三甲申夜子一刻夏至	廿九庚子酉初初刻小暑
六月小	壬	寅子戌	十五丙辰巳正一刻大暑	
七月大	辛	未巳卯	初二壬申丑正二刻立秋	十七丁亥申正三刻處暑
八月小	辛	丑亥酉	初三癸卯寅正三刻白露	十八戊午未初二刻秋分
九月大	庚	午辰寅	初四癸酉戌初一刻寒露	十九戊子亥初二刻霜降
十月大	庚	子戌申	初四癸卯亥初初刻立冬	十九戊午酉初三刻小雪
十一月大	庚	午辰寅	初四癸酉午正二刻大雪	十九戊子卯正初刻冬至
十二月小	庚	子戌申	初三壬寅夜子初刻小寒	十八丁巳申正二刻大寒

嘉慶十八年癸酉

月	朔	節氣	中氣
正月大己	巳卯丑	初四壬申巳正一刻立春	十九丁亥辰初初刻雨水
二月小己	亥酉未	初四壬寅卯初三刻驚蟄	十九丁巳辰初一刻春分
三月大戊	辰寅子	初五壬申午正初刻清明	二十丁亥戌初三刻穀雨
四月小戊	戌申午	初六癸卯卯正三刻立夏	廿一戊午戌正一刻小滿
五月小丁	卯丑亥	初八甲戌午正初刻芒種	廿四庚寅卯初初刻夏至
六月小丙	申午辰	初十乙巳亥正三刻小暑	廿六辛酉申正初刻大暑
七月大乙	丑亥酉	十三丁丑辰正一刻立秋	廿八壬辰亥正二刻處暑
八月小乙	未巳卯	十四戊申巳正一刻白露	廿九癸亥戌初一刻秋分
九月大甲	子戌申	十六己卯丑初初刻寒露	
十月大甲	午辰寅	初一甲午寅初二刻霜降 十六己酉丑正三刻立冬	三十癸亥夜子三刻小雪
十一月大甲	子戌申	十五戊寅酉正二刻大雪	三十癸巳午正初刻冬至
十二月小甲	午辰寅	十五戊申卯初初刻小寒	廿九壬戌亥正一刻大寒

嘉慶十九年甲戌

正月大癸 亥酉未
十五丁丑申正二刻立春
三十壬辰午正三刻雨水

二月大癸 巳卯丑
十五丁未午初二刻驚蟄
三十壬戌未初初刻春分

閏二月小癸 亥酉未
十五丁丑酉初三刻淸明

三月大壬 辰寅子
初一癸巳丑初二刻穀雨
十七戊申午正二刻立夏

四月小壬 戌申午
初三甲子丑正一刻小滿
十八己卯酉初三刻芒種

五月小辛 卯丑亥
初五乙未午初初刻夏至
廿一辛亥寅正二刻小暑

六月小庚 申午辰
初七丙寅亥正一刻大暑
廿三壬午未正一刻立秋

七月大己 丑亥酉
初十戊戌辰正三刻處暑
廿五癸丑申正一刻白露

八月小己 未巳卯
十一己巳丑初一刻秋分
廿六甲申卯正三刻寒露

九月大戊 子戌申
十二己亥巳初一刻霜降
廿七甲寅辰正三刻立冬

十月大戊 午辰寅
十二己巳卯初二刻小雪
廿七甲申子正一刻大雪

十一月小戊 子戌申
十一戊戌酉初三刻冬至
廿六癸丑巳正三刻小寒

十二月大丁 巳卯丑
十二戊辰寅正初刻大寒
廿六壬午亥正二刻立春

嘉慶二十年乙亥

月	朔、十一、廿一日	節氣	節氣
正月大丁	亥酉未	十一丁酉酉正三刻雨水	廿六壬子酉初一刻驚蟄
二月大丁	巳卯丑	十一丁卯酉正三刻春分	廿六壬午夜子二刻清明
三月小丁	亥酉未	十二戊戌辰初二刻穀雨	廿七癸丑酉正一刻立夏
四月小丙	辰寅子	十四己巳辰正初刻小滿	廿九甲申夜子二刻芒種
五月大乙	酉未巳	十六庚子申正三刻夏至	
六月小乙	卯丑亥	初二丙辰巳正一刻小暑	十八壬申辰初三刻大暑
七月小甲	申午辰	初四丁亥戌正初刻立秋	二十癸卯巳正一刻處暑
八月大癸	丑亥酉	初六戊午亥正初刻白露	廿二甲戌辰初初刻秋分
九月小癸	未巳卯	初七己丑午正二刻寒露	廿二甲辰申初初刻霜降
十月大壬	子戌申	初八己未未正二刻立冬	廿三甲戌午初一刻小雪
十一月小壬	午辰寅	初八己丑卯正初刻大雪	廿二癸卯夜子二刻冬至
十二月大辛	亥酉未	初八戊午申正二刻小寒	廿三癸酉巳正初刻大寒

嘉慶二十一年丙子

正月大辛 巳卯丑 初八戊子寅正一刻立春 廿三癸卯子正二刻雨水

二月大辛 亥酉未 初七丁巳夜子初刻驚蟄 廿三癸酉子正三刻春分

三月小辛 巳卯丑 初八戊子卯初一刻清明 廿三癸卯未初一刻穀雨

四月大庚 戌申午 初十己未子正一刻立夏 廿五甲戌未初三刻小滿

五月小庚 辰寅子 十一庚寅卯初二刻芒種 廿六乙巳亥正二刻夏至

六月大己 酉未巳 十三辛酉申正一刻小暑 廿九丁酉巳初二刻大暑

閏六月小己 卯丑亥 十五癸巳丑初三刻立秋

七月小戊 申午辰 初一戊申申正初刻處暑 十七甲子寅正初刻白露

八月大丁 丑亥酉 初三己卯午正三刻秋分 十八甲午酉正二刻寒露

九月小丁 未巳卯 初三己酉戌正三刻霜降 十八甲子戌正一刻立冬

十月大丙 子戌申 初四己卯酉初一刻小雪 十九甲午午正初刻大雪

十一月小丙 午辰寅 初四己酉卯初二刻冬至 十八癸亥亥正二刻小寒

十二月大乙 亥酉未 初四戊寅申初三刻大寒 十九癸巳巳正初刻立春

嘉慶二十二年丁丑

正月大乙巳卯丑 初四戊申卯正一刻雨水 十九癸亥卯初初刻驚蟄

二月小乙亥酉未 初四戊寅卯初二刻春分 十九癸巳午初一刻清明

三月大甲辰寅子 初五戊申戌初初刻穀雨 廿一甲子卯正初刻立夏

四月大甲戌申午 初六己卯戌初三刻小滿 廿二乙未午初一刻芒種

五月小甲辰寅子 初八辛亥寅正一刻夏至 廿三丙寅亥正初刻小暑

六月大癸酉未巳 初十壬午申初一刻大暑 廿六戊戌辰初二刻立秋

七月小癸卯丑亥 十一癸丑亥正初刻處暑 廿七己巳巳初三刻白露

八月大壬申午辰 十三甲申酉正二刻秋分 廿九庚子子正一刻寒露

九月小壬寅子戌 十四己卯丑正三刻霜降 廿九庚午丑正初刻立冬

十月小辛未巳卯 十四甲申夜子初刻小雪 廿九己亥酉初三刻大雪

十一月大庚子戌申 十五甲寅午初一刻冬至 三十己巳寅正一刻小寒

十二月小庚午辰寅 十四癸未亥初二刻大寒 廿九戊戌申正初刻立春

嘉慶二十三年戊寅

正月大已 亥酉未
十五癸丑午正一刻雨水
三十戊辰巳正三刻驚蟄

二月小已 巳卯丑
十五癸未午正一刻春分

三月大戊 戌申午
初一戊戌酉初初刻清明
十七甲寅子正三刻穀雨

四月大戊 辰寅子
初二己巳午初三刻立夏
十八乙酉丑初一刻小滿

五月小戊 戌申午
初三庚子酉初初刻芒種
十九丙辰巳正刻夏至

六月大丁 卯丑亥
初六壬申寅初三刻小暑
廿一丁亥亥初初刻大暑

七月大丁 酉未巳
初七癸卯未初一刻立秋
廿三己未寅初三刻處暑

八月小丁 卯丑亥
初八甲戌申初二刻白露
廿四庚寅子正二刻秋分

九月大丙 申午辰
初十乙巳卯正初刻寒露
廿五庚申辰正二刻霜降

十月小丙 寅子戌
初十乙亥辰正初刻立冬
廿五庚寅寅正三刻小雪

十一月小乙 未巳卯
初十甲辰夜子二刻大雪
廿五己未酉初初刻冬至

十二月大甲 子戌申
十一甲戌巳正初刻小寒
廿六己丑寅初初刻大寒

嘉慶二十四年已卯

正月小甲　午辰寅
初十癸卯亥初三刻立春
廿五戊午酉正初刻雨水

二月大癸　亥酉未
十一癸酉申正二刻驚蟄
廿六戊子酉正初刻春分

三月小癸　巳卯丑
十一癸卯亥正三刻清明
廿七己未卯正三刻穀雨

四月大壬　戌申午
十三甲戌酉初二刻立夏
廿九庚寅辰初一刻小滿

閏四月小壬　辰寅子
十四乙巳亥初三刻芒種

五月大辛　酉未巳
初一辛酉申正初刻夏至
十七丁丑巳初二刻小暑

六月大辛　卯丑亥
初三癸巳寅初初刻大暑
十八戊申戌初一刻立秋

七月小辛　酉未巳
初四甲子巳初二刻處暑
十九己卯亥初二刻白露

八月大庚　寅子戌
刻六乙未卯正一刻秋分
廿一庚戌午初三刻寒露

九月大庚　申午辰
初六乙丑未正一刻霜降
廿一庚辰未初三刻立冬

十月小庚　寅子戌
初六乙未巳正二刻小雪
廿一庚戌卯初二刻大雪

十一月大己　未巳卯
初六甲子夜子初刻冬至
廿一己卯申正初刻小寒

十二月小己　丑亥酉
初六甲午巳初一刻大寒
廿一己酉寅初二刻立春

嘉慶二十五年庚辰

正月小戊　午辰寅　初六癸丑夜子三刻雨水　廿一戊寅亥正二刻驚蟄

二月大丁　亥酉未　初八甲午子正初刻春分　廿三巳酉寅正二刻清明

三月小丁　巳卯丑　初八甲子午正二刻穀雨　廿三巳卯夜子一刻立夏

四月大丙　戌申午　初十乙未未初初刻小滿　廿六辛亥寅正三刻芒種

五月小丙　辰寅子　十一丙寅亥初二刻夏至　廿七壬午申初一刻小暑

六月大乙　酉未巳　十四戊戌辰正三刻大暑　三十甲寅丑初初刻立秋

七月小乙　卯丑亥　十五巳巳申初一刻處暑

八月大甲　申午辰　初二巳酉寅初一刻白露　十七庚子午正初刻秋分

九月大甲　寅子戌　初二乙卯酉初三刻寒露　十七庚午戌正一刻霜降

十月大甲　申午辰　初二乙酉戌初二刻立冬　十七庚子申正二刻小雪

十一月小甲　寅子戌　初二乙卯午初二刻大雪　十七庚午寅正三刻冬至

十二月大癸　未巳卯　初二甲申亥初三刻小寒　十七巳亥申初初刻大寒

道光元年辛巳

正月小癸丑亥酉
初二甲寅巳初二刻立春
十七己巳卯初二刻雨水

二月小壬午辰寅
初三甲申寅正一刻驚蟄
十八巳亥卯初三刻春分

三月大辛亥酉未
初四甲寅巳正二刻清明
十九巳巳酉正一刻穀雨

四月小辛巳卯丑
初五乙酉卯初一刻立夏
二十庚子酉正三刻小滿

五月小庚戌申午
初七丙辰巳正二刻芒種
廿三壬申寅初二刻夏至

六月大巳卯丑亥
初九丁亥亥初一刻小暑
廿五癸卯未正二刻大暑

七月小巳酉未巳
十一巳未卯正三刻立秋
廿六甲戌亥初一刻處暑

八月大戊寅子戌
十三庚寅巳初初刻白露
廿八乙巳酉初三刻秋分

九月大戊申午辰
十三庚申夜子二刻寒露
廿九丙子丑正初刻霜降

十月大戊寅子戌
十四辛卯丑初二刻立冬
廿八乙巳亥正二刻小雪

十一月小戊申午辰
十三庚申酉初初刻大雪
廿八乙亥巳正二刻冬至

十二月大丁丑亥酉
十四庚寅寅初二刻小寒
廿八甲辰戌正二刻大寒

道光二年壬午

正月大丁未巳卯
十三己未申初一刻立春
廿八甲戌午初二刻雨水

二月小丁丑亥酉
十三己丑巳正一刻驚蟄
廿八甲辰午初三刻春分

三月大丙午辰寅
十四己未申正一刻清明
三十乙亥子正初刻穀雨

閏三月小丙子戌申
十五庚寅午初初刻立夏

四月小乙巳卯丑
初二丙午子正二刻小滿
十七辛酉申正一刻芒種

五月小甲戌申午
初四丁丑巳初一刻夏至
二十癸巳寅初初刻小暑

六月大癸卯丑亥
初六戊申戌正一刻大暑
廿二甲子午正二刻立秋

七月小癸酉未巳
初八庚辰寅初初刻處暑
廿三乙未未正三刻白露

八月大壬寅子戌
初九庚戌夜子三刻秋分
廿五丙寅卯初一刻寒露

九月大壬申午辰
初十辛巳辰初三刻霜降
廿五丙申辰初一刻立冬

十月小壬寅子戌
初十辛亥寅正初刻小雪
廿四乙丑夜子初刻大雪

十一月大辛未巳卯
初十庚辰申正二刻冬至
廿五乙未巳初二刻小寒

十二月大辛丑亥酉
初十庚戌丑正三刻大寒
廿四甲子亥初初刻立春

道光三年癸未

正月大辛　未巳卯　初九巳卯酉初一刻雨水　廿四甲午申正初一刻驚蟄

二月小辛　丑亥酉　初九巳酉酉初二刻春分　廿四甲子亥正初刻清明

三月大庚　午辰寅　十一庚辰卯正初刻穀雨　廿六乙未申正三刻立夏

四月小庚　子戌申　十二辛亥卯正二刻小滿　廿七丙寅亥正初刻芒種

五月小巳　巳卯丑　十四壬午申初初刻夏至

六月小戊　戌申午　初一戊戌辰正三刻小暑　十七甲寅丑正一刻大暑

七月大丁　卯丑亥　初三巳巳酉正二刻立秋　十九乙酉辰正三刻處暑

八月小丁　酉未巳　初四庚子戌正二刻白露　二十丙辰卯初四刻秋分

九月大丙　寅子戌　初六辛未午初一刻寒露　廿一丙戌未初二刻霜降

十月小丙　申午辰　初六辛丑未初初刻立冬　廿一丙辰巳正初刻小雪

十一月大乙　丑亥酉　初七辛未寅正三刻大雪　廿一乙酉亥正一刻冬至

十二月大乙　未巳卯　初六庚子申初一刻小寒　廿一乙卯辰正二刻大寒

道光四年甲申

正月大乙 丑亥酉
初六庚午寅初初刻立春
二十甲申夜子初初刻雨水

二月小乙 未已卯
初五已亥亥初三刻驚蟄
二十庚寅夜子一刻春分

三月大甲 子戌申
初七庚午寅初三刻清明
廿二乙酉午初三刻穀雨

四月小甲 午辰寅
初七庚子亥正二刻立夏
廿三丙辰午正一刻小滿

五月大癸 亥酉未
初十壬申辰初三刻芒種
廿五丁亥亥初初刻夏至

六月小癸 已卯丑
十一癸卯未正二刻小暑
廿七已未辰初初刻大暑

七月小壬 戌申午
十四乙亥子正一刻立秋
廿九庚寅未正二刻處暑

閏七月大辛 卯丑亥
十六丙午丑正二刻白露

八月小辛 酉未已
初一辛酉午正一刻秋分
十六丙子酉初初刻寒露

九月大庚 寅子戌
初二辛卯戌初二刻霜降
十七丙午戌初初刻立冬

十月小庚 申午辰
初三辛酉申初三刻小雪
十七丙子已正二刻大雪

十一月大已 丑亥酉
初三辛卯寅正初刻冬至
十七乙已亥初初刻小寒

十二月大已 未已卯
初二庚申未正一刻大寒
十七乙亥辰正三刻立春

道光五年乙酉

月	大小/干	日支	節氣
正月	大己	丑亥酉	初二庚寅卯初初刻雨水　十七乙巳寅初二刻驚蟄
二月	小己	未巳卯	初二庚申卯初初刻春分　十七乙亥巳初三刻清明
三月	大戊	子戌申	初三庚寅酉初二刻穀雨　十九丙午寅正二刻立夏
四月	小戊	午辰寅	初四辛酉酉正初刻小滿　二十丁丑巳初三刻芒種
五月	大丁	亥酉未	初七癸巳丑正三刻夏至　廿二戊申戌正一刻小暑
六月	小丁	巳卯丑	初八甲子未初三刻大暑　廿四庚辰卯正初刻立秋
七月	小丙	戌申午	初十乙未戌正一刻處暑　廿六辛亥辰正一刻白露
八月	大乙	卯丑亥	十二丙寅酉初初刻秋分　廿七辛巳亥正三刻寒露
九月	小乙	酉未巳	十三丁酉丑初一刻霜降　廿八壬子子正三刻立冬
十月	大甲	寅子戌	十三丙寅亥初二刻小雪　廿八辛巳申正二刻大雪
十一月	小甲	申午辰	十三丙申巳正初刻冬至　廿八辛亥寅初初刻小寒
十二月	大癸	丑亥酉	十三乙丑戌正一刻大寒　廿八庚辰未正二刻立春

道光六年丙戌

正月大癸	未巳卯	十三乙未巳正三刻雨水	廿八庚戌巳初一刻驚蟄
二月小癸	丑亥酉	十三乙丑巳正三刻春分	廿八庚辰申初二刻清明
三月大壬	午辰寅	十四乙未夜子一刻穀雨	三十辛亥巳正一刻立夏
四月大壬	子戌申	十五丙寅夜子三刻小滿	
五月小壬	午辰寅	初一壬午申初二刻芒種	十七戊戌辰正二刻夏至
六月大辛	亥酉未	初四甲寅丑正一刻小暑	十九己巳戌初二刻大暑
七月小辛	巳卯丑	初五乙酉午初三刻立秋	廿一辛丑丑正一刻處暑
八月小庚	戌申午	初七丙辰未正初刻白露	廿二辛未夜子初刻秋分
九月大己	卯丑亥	初九丁亥寅正二刻寒露	廿四壬寅辰初初刻霜降
十月小己	酉未巳	初九丁巳卯正二刻立夏	廿四壬申寅初二刻小雪
十一月大戊	寅子戌	初九丙戌亥正一刻大雪	廿四辛丑申初三刻冬至
十二月小戊	申午辰	初九丙辰辰正三刻小寒	廿四辛未酉正三刻大寒

道光七年丁亥

正月大丁	丑亥酉	初九乙酉戌正二刻立春	廿四庚子申正二刻雨水
二月小丁	未巳卯	初九乙卯申初一刻驚蟄	廿四庚午申正三刻春分
三月大丙	子戌申	初十乙酉亥初一刻清明	廿六辛丑卯初一刻穀雨
四月大丙	午辰寅	十一丙辰申正初刻立夏	廿七壬申卯初二刻小滿
五月小丙	子戌申	十二丁亥亥初一刻芒種	廿八癸卯未正一刻夏至
閏五月大乙	巳卯丑	十五己未辰正初刻小暑	
六月小乙	亥酉未	初一乙亥丑初一刻大暑	十六庚寅酉初二刻立秋
七月大甲	辰寅子	初三丙午辰正初刻處暑	十八辛酉戌初二刻白露
八月小甲	戌申午	初四丁丑寅正三刻秋分	十九壬辰巳正二刻寒露
九月大癸	卯丑亥	初五丁未未初初刻霜降	二十壬戌午正一刻立冬
十月小癸	酉未巳	初五丁丑巳初一刻小雪	二十壬辰寅正初刻大雪
十一月大壬	寅子戌	初五丙午亥初二刻冬至	二十辛酉未正二刻小寒
十二月小壬	申午辰	初五丙子辰初三刻大寒	二十辛卯丑正一刻立春

道光八年戊子

正月大	辛丑亥酉	初五乙巳亥正二刻雨水	二十庚申亥初初刻驚蟄
二月小	辛未巳卯	初五乙亥亥正二刻春分	廿一辛卯寅初初刻清明
三月大	庚子戌申	初七丙午午初初刻穀雨	廿二辛酉申初三刻立夏
四月小	庚午辰寅	初八丁丑午初二刻小滿	廿四癸巳寅初初刻芒種
五月大	己亥酉未	初十戊申戌正一刻夏至	廿六甲子未初三刻小暑
六月大	己巳卯丑	十二庚辰辰初一刻大暑	廿七乙未夜子二刻立秋
七月小	己亥酉未	十二辛亥未初三刻處暑	廿九丁卯丑初二刻白露
八月大	戊辰寅子	十五壬午巳正二刻秋分	三十丁酉申正一刻寒露
九月小	戊戌申午	十五壬子酉正三刻霜降	
十月大	丁卯丑亥	初一丁酉酉正一刻立冬	十六壬午申初初刻小雪
十一月小	丁酉未巳	初一丁酉巳正初刻大雪	十六壬子寅初二刻冬至
十二月大	丙寅子戌	初一丙寅戌正二刻小寒	十六辛巳未初三刻大寒

道光九年己丑

正月小丙 申午辰
初一丙申辰正初刻立春
十六辛亥寅正一刻雨水

二月大乙 丑亥酉
初二丙寅丑正三刻驚蟄
十七辛巳寅正三刻春分

三月小乙 未巳卯
初二丙申巳初初刻清明
十七辛亥申正三刻穀雨

四月大甲 子戌申
初四丁卯寅初三刻立夏
十九壬午酉初一刻小滿

五月小甲 午辰寅
初五戊戌辰正三刻芒種
廿一甲午丑正初刻夏至

六月大癸 亥酉未
初七己巳戌初二刻小暑
廿三乙酉未初初刻大暑

七月小癸 巳卯丑
初九辛丑卯初一刻立秋
廿四丙辰戌初二刻處暑

八月大壬 戌申午
十一壬申亥初二刻白露
廿六丁亥申正一刻秋分

九月大壬 辰寅子
十二壬寅亥正初刻寒露
廿七戊午子正二刻霜降

十月小壬 戌辛午
十二癸酉子正初刻立冬
廿六丁亥亥初初刻小雪

十一月大辛 卯丑亥
十一壬寅申初三初大雪
廿七丁巳巳初一刻冬至

十二月大辛 酉未巳
十二壬申丑正一刻小寒
廿六丙戌戌初一刻大寒

道光十年庚寅

正月小辛　卯丑亥
十一辛丑未初三刻立春
廿六丙辰巳正初刻雨水

二月小庚　申午辰
十二辛未辰正三刻驚蟄
廿七丙戌巳正初刻春分

三月大己　丑亥酉
十三辛丑未正三刻清明
廿八丙辰亥正二刻穀雨

四月小己　未巳卯
十四壬申巳初二刻立夏
廿九丁亥夜子初刻小滿

閏四月小戊　子戌申
十六癸卯未正三刻芒種

五月大丁　巳卯丑
初三己未辰初三刻夏至
十九乙亥丑初一刻小暑

六月小丁　亥酉未
初四庚寅酉正三刻大暑
二十丙午午初初刻立秋

七月大丙　辰寅子
初七壬戌丑初二刻處暑
廿二丁丑未初一刻白露

八月大丙　戌申午
初七壬辰亥正一刻秋分
廿三戊申寅初三刻寒露

九月小丙　辰寅子
初八癸亥卯正一刻霜降
廿三戊寅卯初三刻立冬

十月大乙　酉未巳
初九癸巳丑正三刻小雪
廿三丁未亥初二刻大雪

十一月大乙　卯丑亥
初八壬戌申初初刻冬至
廿三丁丑辰正初刻小寒

十二月大乙　酉未巳
初八壬辰丑初一刻大寒
廿二丙午戌初三刻立春

道光十一年辛卯

正月小乙卯丑亥 初七辛酉申初三刻雨水 廿三丙子未正二刻驚蟄

二月小甲申午辰 初八辛卯申正初刻春分 廿三丙午戌正二刻清明

三月大癸丑亥酉 初十壬戌寅正二刻穀雨 廿五丁丑申初一刻立夏

四月小癸未巳卯 十一癸巳寅正三刻小滿 廿六戊申戌正二刻芒種

五月小壬子戌申 十三甲子未初二刻夏至 廿九庚辰辰初一刻小暑

六月大辛巳卯丑 十六丙申子正二刻大暑

七月小辛亥酉未 初一辛亥申正三刻立秋 十七丁卯申初一刻處暑

八月大庚辰寅子 初三壬午戌初初刻白露 十九戊戌寅初初刻秋分

九月小庚戌申午 初四癸丑巳初三刻寒露 十九戊辰午正一刻霜降

十月大己卯丑亥 初五癸未午初三刻立冬 十九戊戌辰正二刻小雪

十一月大己酉未巳 初五癸丑寅初一刻大雪 十九丁卯亥初初刻冬至

十二月大己卯丑亥 初四壬午未正初刻小寒 十九丁酉辰初一刻大寒

道光十二年壬辰

正月小己 酉未巳
初四壬子丑初二刻立春
十八丙寅亥初三刻雨水

二月大戊 寅子戌
初四辛巳戌正一刻驚蟄
十九丙申亥初三刻春分

三月小戊 申午辰
初五壬子丑正二刻清明
二十丁卯巳正一刻穀雨

四月大丁 丑亥酉
初六壬午亥初初刻立夏
廿一戊戌巳正三刻小滿

五月小丁 未巳卯
初八甲寅丑正一刻芒種
廿三己巳戌初一刻夏至

六月小丙 子戌申
初十乙酉未初初刻小暑
廿六辛丑卯正一刻大暑

七月大乙 巳卯丑
十二丙辰亥正二刻立秋
廿八壬申未初初刻處暑

八月小乙 丑酉未
十九戊子子正三刻白露
廿九癸卯巳初三刻秋分

九月大甲 辰寅子
十五戊午申初二刻寒露
三十癸酉巳正初刻霜降

閏九月小甲 戌申午
十五戊子酉初二刻立冬

十月大癸 卯丑亥
初一癸卯未正一刻小雪
十六戊午巳初一刻大雪

十一月大癸 酉未巳
初一癸酉丑正三刻冬至
十五丁亥戌初三刻小寒
三十壬寅未初初刻大寒

十二月大癸 卯丑亥
十五丁巳辰初一刻立春
三十壬申寅初二刻雨水

道光十三年癸巳

正月小癸 酉未巳
十五丁亥丑正初刻驚蟄

二月大壬 寅子戌
初一壬寅寅初二刻春分
十六丁巳辰正一刻清明

三月小壬 申午辰
初一壬申申正初刻穀雨
十七戊子寅初初刻立夏

四月大辛 丑亥酉
初三癸卯申正二刻小滿
十九己未辰正初刻芒種

五月小辛 未巳卯
初五乙亥丑初一刻夏至
二十庚寅酉正三刻小暑

六月小庚 子戌申
初七丙午午正一刻大暑
廿三壬戌寅正二刻立秋

七月大己 巳卯丑
初九丁丑酉正三刻處暑
廿五癸巳卯正三刻白露

八月小己 亥酉未
初十戊申申初二刻秋分
廿五癸亥亥初一刻寒露

九月大戊 辰寅子
十一戊寅夜子三刻霜降
廿六癸巳夜子一刻立冬

十月小戊 戌申午
十一戊申戌正一刻小雪
廿六癸亥申初初刻大雪

十一月大丁 卯丑亥
十二戊寅辰正二刻冬至
廿七癸巳丑初二刻小寒

十二月大丁 酉未巳
十一丁未酉正三刻大寒
廿六壬戌未初一刻立春

道光十四年甲午

正月小丁 卯丑亥 十一丁丑巳初一刻雨水 廿六壬辰辰正初刻驚蟄

二月大丙 申午辰 十二丁未巳初二刻春分 廿七壬戌未正初刻清明

三月大丙 寅子戌 十二丁丑亥初三刻穀雨 廿八癸巳辰正三刻立夏

四月大丙 申午辰 十三戊申亥正一刻小滿 廿九丙子未正初刻芒種

五月大乙 丑亥酉 十六庚辰辰初初刻夏至

六月小乙 未巳卯 初二丙申子正二刻小暑 十七辛亥酉正初刻大暑

七月小甲 子戌申 初四丁卯巳正一刻立秋 二十癸未子正二刻處暑

八月大癸 巳卯丑 初六戊戌午正二刻白露 廿一癸丑亥初二刻秋分

九月小癸 亥酉未 初七己巳寅初一刻寒露 廿二甲申卯初三刻霜降

十月大壬 辰寅子 初八己亥卯初一刻立冬 廿三甲寅丑正初刻小雪

十一月小壬 戌申午 初七戊辰寅初初刻大雪 廿二癸未未正一刻冬至

十二月大辛 卯丑亥 初八戊戌辰初一刻小寒 廿三癸丑子正三刻大寒

道光十五年乙未

正月小辛 酉未巳 初七丁卯戌初一刻立春 廿二壬午申初一刻雨水

二月大庚 寅子戌 初八丁酉未初三刻驚蟄 廿三壬子申初一刻春分

三月大庚 申午辰 初八丁卯戌初三刻清明 廿四癸未寅初三刻穀雨

四月小庚 寅子戌 初九戊戌未正二刻立夏 廿五甲寅寅正初刻小滿

五月大己 未巳卯 十一己巳戌初三刻芒種 廿七乙酉午正三刻夏至

六月大己 丑亥酉 十三辛丑卯正一刻小暑 廿八丙辰夜子三刻大暑

閏六月小己 未巳卯 十四壬申申正初刻立秋

七月小戊 子戌申 初一戊子卯正二刻處暑 十六癸卯酉正一刻白露

八月大丁 巳卯丑 初三己未寅初一刻秋分 十八甲戌巳初初刻寒露

九月小丁 亥酉未 初三己丑午初二刻霜降 十八甲辰午初初刻立冬

十月大丙 辰寅子 初四己未辰初三刻小雪 十九甲戌丑正三刻大雪

十一月小丙 戌申午 初三戊子戌正一刻冬至 十八癸卯未初一刻小寒

十二月大乙 卯丑亥 初四戊午卯正二刻大寒 十九癸酉子正三刻立春

道光十六年丙申

正月小乙巳未酉 初三丁亥亥初二刻雨水　十八壬寅戌初二刻驚蟄

二月大甲寅子戌 初四乙巳亥初初刻春分　二十癸酉丑初三刻清明

三月小甲申午辰 初五戊子巳初二刻穀雨　二十癸卯戌正一刻立夏

四月小癸丑亥酉 初七己未巳初三刻小滿　廿三乙亥丑初二刻芒種

五月大癸未巳卯 初八庚寅酉正二刻夏至　廿四丙午午正一刻小暑

六月小癸丑亥酉 初十壬戌卯初二刻大暑　廿五丁丑亥初三刻立春

七月大壬午辰寅 十二癸巳午正一刻處暑　廿八己酉子正初刻白露

八月小壬子戌申 十三甲子巳初初刻秋分　廿八己卯未初三刻寒露

九月大辛巳卯丑 十四甲午酉初一刻霜降　廿九己酉申正三刻立冬

十月小辛亥酉未 十四甲子未初三刻小雪　廿九己卯辰正二刻大雪

十一月大庚辰寅子 十五甲午丑正初刻冬至　廿九戊申戌初初刻小寒

十二月小庚戌申午 十四癸未午正一刻大寒　廿九戊寅卯正三刻立春

道光十七年丁酉

正月大已	卯丑亥	十五癸巳丑正三刻雨水	三十戊申丑初二刻驚蟄
二月小已	酉未巳	十五癸亥丑正三刻春分	
三月大戊	寅子戌	初一戊寅辰正二刻清明	十六癸巳申初一刻穀雨
四月小戊	申午辰	初二已酉丑正初刻立夏	十七甲子申初三刻小滿
五月大丁	丑亥酉	初四庚辰辰初一刻芒種	二十丙申子正一刻夏至
六月小丁	未巳卯	初五辛亥酉正初刻小暑	廿一丁卯午初一刻大暑
七月大丙	子戌申	初八癸未寅初三刻立秋	廿三戊戌酉正初刻處暑
八月大丙	午辰寅	初九甲寅卯正初刻白露	廿四已巳未正初刻秋分
九月小丙	子戌申	初九甲申戌正二刻寒露	廿四已亥夜子初刻霜降
十月大乙	巳卯丑	初十甲寅亥正二刻立冬	廿五已巳戌初二刻小雪
十一月小乙	亥酉未	初十甲申未正一刻大雪	廿五已亥申正初刻冬至
十二月大甲	辰寅子	十一甲寅子正三刻小寒	廿五戊辰酉正一刻大寒

道光十八年戊戌

正月小甲戌申午
初十癸未午正二刻立春
廿五戊戌辰初三刻雨水

二月大癸卯丑亥
十一癸丑辰初一刻驚蟄
廿六戊辰辰正三刻春分

三月小癸酉未巳
十一癸未未初一刻清明
廿六戊戌亥初初刻穀雨

四月大壬寅子戌
十三甲寅辰正初刻立夏
廿八己巳亥初二刻小滿

閏四月小壬申午辰
十四乙酉未初初刻芒種

五月小辛丑亥酉
初一辛丑卯正一刻夏至
十六丙辰夜子三刻小暑

六月大庚午辰寅
初三壬申酉初一刻大暑
十九戊子巳初二刻立秋

七月大庚子戌申
初四癸卯夜子三刻處暑
二十己未午初三刻白露

八月小庚午辰寅
初五甲戌戌正初刻秋分
廿一庚寅丑正二刻寒露

九月大己亥酉未
初七乙巳卯初初刻霜降
廿二庚申寅正二刻立冬

十月大己巳卯丑
初七乙亥丑初一刻小雪
廿一己丑戌正初刻大雪

十一月小己亥酉未
初六甲辰未初三刻冬至
廿一己未卯正三刻小寒

十二月大戊辰寅子
初七甲戌子正初刻大寒
廿一戊子酉正一刻立春

道光十九年己亥

正月小戊 戌申午
初六癸卯未正二刻雨水
廿一戊午未初初刻驚蟄

二月大丁 卯丑亥
初七癸酉未正二刻春分
廿二戊子戌初初刻清明

三月小丁 酉未巳
初八甲辰寅初初刻穀雨
廿三乙未未初三刻立夏

四月小丙 寅子戌
初十乙亥寅初一刻小滿
廿五庚寅戌初初刻芒種

五月大乙 未巳卯
十二丙午午正初刻夏至
廿八壬戌卯初二刻小暑

六月小乙 丑亥酉
十三丁丑夜子初刻大暑
廿九癸巳申初一刻立秋

七月大甲 午辰寅
十六己酉卯初三刻處暑

八月小甲 子戌申
初一甲子酉初二刻白露
十七庚辰丑正二刻秋分

九月大癸 巳卯丑
初三乙未辰正一刻寒露
十八庚戌巳正三刻霜降

十月大癸 亥酉未
初三乙丑巳正一刻立冬
十八庚辰辰初一刻小雪

十一月大癸 巳卯丑
初三乙未丑正初刻大雪
十七己酉戌初二刻冬至

十二月小癸 亥酉未
初二甲子午正二刻小寒
十七己卯卯初三刻大寒

道光二十年庚子

正月	大	壬	辰寅子	初三甲子正一刻立春	十七戊申戌正一刻雨水
二月	小	壬	戌申午	初二癸亥酉正三刻驚蟄	十七戊寅戌正一刻春分
三月	大	辛	卯丑亥	初四甲午丑初初刻清明	十九己酉辰正三刻穀雨
四月	小	辛	酉未巳	初四甲子戌初二刻立夏	二十庚辰巳初初刻小滿
五月	小	庚	寅子戌	初七丙申子正三刻芒種	廿二辛亥酉初三刻夏至
六月	大	己	未巳卯	初九丁卯午初一刻小暑	廿五壬午寅正三刻大暑
七月	小	己	丑亥酉	初十戊戌亥初二刻立秋	廿六甲寅午初二刻處暑
八月	大	戊	午辰寅	十二己巳夜子一刻白露	廿八乙酉辰正一刻秋分
九月	小	戊	子戌申	十三庚子未正初刻寒露	廿八乙卯申正二刻霜降
十月	大	丁	巳卯丑	十四庚午申正初刻立冬	廿九乙酉未初初刻小雪
十一月	大	丁	亥酉未	十四庚子辰初三刻大雪	廿九乙卯丑初一刻冬至
十二月	大	丁	巳卯丑	十三己巳酉正一刻小寒	廿八甲申午初二刻大寒

道光二十一年辛丑

正月小丁 亥酉未
十三己亥卯正初刻立春
廿八甲寅丑正初刻雨水

二月大丙 辰寅子
十四己巳子正三刻驚蟄
廿九甲申丑正初刻春分

三月小丙 戌申午
十四己亥卯正三刻清明
廿九甲寅未正二刻穀雨

閏三月大乙 卯亥丑
十六庚午酉初一刻立夏

四月小乙 酉未巳
初一乙酉水正三刻小滿
十七辛丑卯正二刻芒種

五月小甲 寅子戌
初三丙辰夜子二刻夏至
十九壬申酉初一刻小暑

六月大癸 未巳卯
初六戊子巳正二刻大暑
廿二甲辰丑正三刻立秋

七月小癸 丑亥酉
初七己未酉初一刻處暑
廿三乙亥卯初一刻白露

八月大壬 午辰寅
初九庚寅未正初刻秋分
廿四乙巳戌初三刻寒露

九月小壬 子戌申
初九庚申午正二刻霜降
廿四乙亥亥正初刻立冬

十月大辛 巳卯丑
初十庚寅酉正三刻小雪
廿五乙巳未初三刻大雪

十一月小辛 亥酉未
初十庚申辰初一刻冬至
廿五乙亥子正一刻小寒

十二月大庚 辰寅子
初十己丑酉初二刻大寒
廿五甲辰午初三刻立春

道光二十二年壬寅

正月大庚　戌申午　初十己未辰正一刻穀雨　廿五甲戌卯正二刻驚蟄

二月大庚　辰寅子　初十己丑辰正初刻春分　二十甲辰午正二刻清明

三月小庚　戌申午　初十己未戌正一刻穀雨　廿六乙亥辰初一刻立夏

四月大己　卯丑亥　十二庚寅戌正三刻小滿　廿八丙午午正一刻芒種

五月小己　酉未巳　十四壬戌卯初一刻夏至　廿九丁丑夜子初刻小暑

六月小戊　寅子戌　十六癸巳申正一刻大暑

七月大丁　未巳卯　初三己酉辰正三刻立秋　十八甲子夜子初刻處暑

八月小丁　丑亥酉　初四庚辰午初初刻白露　十九乙未戌正初刻秋分

九月大丙　午辰寅　初六辛亥丑初二刻寒露　廿一丙寅寅正一刻霜降

十月小丙　子戌申　初六辛巳寅正三刻立冬　廿一丙申子正三刻小雪

十一月大乙　巳卯丑　初六庚戌戌初三刻大雪　廿一乙丑未初初刻冬至

十二月小乙　亥酉未　初六庚辰卯正一刻小寒　二十甲午夜子一刻大寒

道光二十三年癸卯

正月大甲 辰寅子
初六己酉酉初三刻立春
廿一甲子未初三刻雨水

二月大甲 戌申午
初六己卯午正一刻驚蟄
廿一甲午未初三刻春分

三月大甲 辰寅子
初七庚戌酉正一刻清明
廿二乙丑丑正一刻穀雨

四月小甲 戌申午
初七庚辰未初二刻立夏
廿三丙申丑正二刻小滿

五月大癸 卯丑亥
初九辛亥酉正初刻芒種
廿五丁卯午初一刻夏至

六月小癸 酉未巳
十一癸未寅正三刻小暑
廿六戊戌亥正一刻大暑

七月小壬 寅子戌
十三甲寅未正二刻立秋
廿九庚午卯初初刻處暑

閏七月大辛 未巳卯
十六丙戌申正三刻白露

八月小辛 丑亥酉
初一辛丑丑初三刻秋分
十六丙辰辰初三刻寒露

九月大庚 午辰寅
初二辛未巳正初刻霜降
十七丙戌巳初二刻立冬

十月小庚 子戌申
初二辛丑卯正二刻小雪
十七丙辰丑初一刻大雪

十一月大巳 巳卯丑
初二庚午酉正三刻冬至
十七乙酉午初三刻小寒

十二月小巳 亥酉未
初二庚子卯初初刻大寒
十六甲寅夜子二刻立春

道光二十四年甲辰

正月大戊 辰寅子
初二己巳戌初二刻雨水
十七甲申酉正一刻驚蟄

二月大戊 戌申午
初二己亥戌初二刻春分
十八乙卯子正一刻清明

三月小戊 辰寅子
初三庚午辰正初刻穀雨
十八乙酉酉正三刻立夏

四月大丁 酉未巳
初五辛丑辰正一刻小滿
廿一丁巳子正初刻芒種

五月小丁 卯丑亥
初六壬申酉初初刻夏至
廿二戊子巳正二刻小暑

六月大丙 申午辰
初九甲辰寅正初刻大暑
廿四己未戌正一刻立秋

七月小丙 寅子戌
初十乙亥巳正三刻處暑
廿五庚寅亥正二刻白露

八月大乙 未巳卯
十二丙午辰初二刻秋分
廿七辛酉未初一刻寒露

九月小乙 丑亥酉
十二丙子申初三刻霜降
廿七辛卯申初二刻立冬

十月大甲 午辰寅
十三丙午午正一刻小雪
廿八辛酉午正一刻大雪

十一月小甲 子戌申
十三丙子子正三刻冬至
廿七庚寅酉初二刻小寒

十二月大癸 巳卯丑
十三乙巳午初初刻大寒
廿八庚申卯初一刻立春

道光二十五年乙巳

正月小癸	亥酉未	十三乙亥丑初二刻雨水	廿八庚寅子正初刻驚蟄
二月大壬	辰寅子	十四乙巳丑初二刻春分	廿九庚申卯正初刻清明
三月小壬	戌申午	十四乙亥未初三刻穀雨	
四月大辛	卯丑亥	初一辛卯子正二刻立夏	十六丙午未正初刻小滿
五月大辛	酉未巳	初二壬戌卯初三刻芒種	十七丁丑亥正三刻夏至
六月小辛	卯丑亥	初三癸巳申正二刻小暑	十九己酉巳初三刻大暑
七月大庚	申午辰	初六乙丑丑正初刻立秋	廿乙庚辰申正二刻處暑
八月小庚	寅子戌	初七丙申寅正一刻白露	廿二辛亥未初一刻秋分
九月大己	未巳卯	初八丙寅戌初一刻寒露	廿三辛巳亥初三刻霜降
十月小己	丑亥酉	初八丙申亥初一刻立冬	廿三辛亥酉正初刻小雪
十一月大戊	午辰寅	初九丙寅未初初刻大雪	廿四辛巳卯正二刻冬至
十二月小戊	子戌申	初八乙未夜子二刻小寒	廿三庚戌申正三刻大寒

道光二十六年丙午

正月大丁 巳卯丑
初九乙丑午初一刻立春
廿四庚辰辰初一刻雨水

二月小丁 亥酉未
廿九乙未卯初三刻驚蟄
廿四庚戌辰初一刻春分

三月大丙 辰寅子
初十乙丑午初三刻清明
廿五庚辰戌初二刻穀雨

四月小丙 戌申午
十一丙申卯正三刻立夏
廿六辛亥戌正初刻小滿

五月大乙 卯丑亥
十三丁卯午初二刻芒種
廿九癸未寅正二刻夏至

閏五月小乙 酉未巳
十四戊戌亥正二刻小暑

六月大甲 寅子戌
初一甲寅申初二刻大暑
十七庚午辰初三刻立秋

七月小甲 申午辰
初二乙酉亥正一刻處暑
十八辛丑巳正一刻白露

八月大癸 丑亥酉
初四丙辰戌初一刻秋分
二十壬申丑初一刻寒露

九月大癸 未巳卯
初五丁亥寅初一刻霜降
二十壬寅寅初一刻立冬

十月小癸 丑亥酉
初五丁巳子正初刻小雪
十九辛未酉正三刻大雪

十一月大壬 午辰寅
初五丙戌午正一刻冬至
二十辛丑卯初一刻小寒

十二月小壬 子戌申
初四乙卯亥正二刻大寒
十九庚午酉初初刻立春

道光二十七年丁未

正月大辛　巳卯丑
初五乙酉未初初刻雨水
二十庚子午初二刻驚蟄

二月小辛　亥酉未
初五乙卯未初初刻春分
二十庚午酉初二刻清明

三月小庚　辰寅子
初七丙戌丑初二刻穀雨
廿五辛丑午正一刻立夏

四月大己　酉未巳
初九丁巳丑初三刻小滿
廿三壬申酉初一刻芒種

五月小己　卯丑亥
初十戊子巳正一刻夏至
廿六甲辰寅正初刻小暑

六月大戊　申午辰
十二己未亥初一刻大暑
廿八乙亥未初三刻立秋

七月小戊　寅子戌
十四辛卯寅正初刻處暑
廿九丙午申正初刻白露

八月大丁　未巳卯
十六壬戌丑初初刻秋分

九月大丁　丑亥酉
初一丁丑辰正三刻寒露
十六壬辰巳初一刻霜降

十月大丁　未巳卯
初一丁未卯正三刻立冬
十六壬戌卯初三刻小雪

十一月小丁　丑亥酉
初一丁丑子正三刻大雪
十五辛卯酉正一刻冬至

十二月大丙　午辰寅
初一丙午午初一刻小寒
十六辛酉寅正二刻大寒
三十乙亥亥正三刻立春

道光二十八年戊申

正月小丙 子戌申 十五庚寅戌初初刻雨水

二月大乙 巳卯丑 初一乙巳酉初二刻驚蟄 十六庚申酉正三刻春分

三月小乙 亥酉未 初一乙亥夜子二刻清明 十七辛卯辰初一刻穀雨

四月小甲 辰寅子 初三丙午酉正初刻立夏 十九壬戌辰初二刻小滿

五月大癸 酉未巳 初五丁丑夜子初刻芒種 廿一癸巳申正一刻夏至

六月小癸 卯亥丑 初七己酉巳初三刻小暑 廿三乙丑寅初一刻大暑

七月大壬 申午辰 初九庚辰戌初二刻立秋 廿五丙申巳正初刻處暑

八月小壬 寅子戌 初十辛亥亥初三刻白露 廿六丁卯卯正三刻秋分

九月大辛 未巳卯 十二壬午午正二刻寒露 廿七丁酉申初一刻霜降

十月大辛 丑亥酉 十二壬子未正三刻立冬 廿八丁卯午初二刻小雪

十一月大辛 未巳卯 十二壬午卯正二刻大雪 廿七丁酉子正初刻冬至

十二月小辛 丑亥酉 十二辛亥酉初初刻小寒 廿六丙寅巳正一刻大寒

道光二十九年己酉

正月大庚 午辰寅 十二辛巳寅正二刻立春 廿七丙申子正三刻雨水

二月小庚 子戌申 十一庚戌夜子一刻驚蟄 廿七丙寅子正三刻春分

三月大己 巳卯丑 十一辛巳卯初一刻清明 廿八丙申未初初刻穀雨

四月小己 亥酉未 十三辛亥夜子三刻立夏 廿九丁卯未初一刻小滿

閏四月小戊 辰寅子 十六癸未卯初初刻芒種

五月大丁 酉未巳 初二戊戌亥正初刻夏至 十八甲寅申初二刻小暑

六月小丁 卯丑亥 初四庚午巳初初刻大暑 二十丙戌丑初一刻立秋

七月小丙 申午辰 初六辛丑申初三刻處暑 廿二丁巳寅初三刻白露

八月大丙 寅子戌 初七壬申午正二刻秋分 廿二丁亥酉正二刻寒露

九月大乙 未巳卯 初八壬寅亥初初刻霜降 廿三丁巳戌正二刻立冬

十月小乙 丑亥酉 初八壬申酉初二刻小雪 廿三丁亥午正一刻大雪

十一月大甲 午辰寅 初九壬寅卯初三刻冬至 廿三丙辰亥正三刻小寒

十二月大甲 子戌申 初八辛未申正三刻大寒 廿三丙戌巳正二刻立春

道光三十年庚戌

正月大甲午辰寅
初八辛丑卯正二刻雨水
廿三丙辰卯初二刻驚蟄

二月小甲子戌申
初八辛未卯正二刻春分
廿三丙申午初初刻清明

三月大癸巳卯丑
初九辛丑酉正三刻穀雨
廿五丁巳卯初二刻立夏

四月小癸亥酉未
初十壬申戌初初刻小滿
廿六戊子巳正三刻芒種

五月小壬辰寅子
十三甲辰寅初三刻夏至
廿八己未亥初二刻小暑

六月大辛酉未巳
十五乙亥未正三刻大暑

七月小辛卯丑亥
初一辛卯辰初初刻立秋
十六丙午亥初二刻處暑

八月小庚申午辰
初三壬戌巳初二刻白露
十八丁丑酉正二刻秋分

九月大己丑亥酉
初五癸巳子正一刻寒露
二十戊申丑正三刻霜降

十月大己未巳卯
初五癸亥丑正一刻立冬
十九丁丑夜子一刻小雪

十一月小己丑亥酉
初四壬辰酉初一刻大雪
十九丁未午初三刻冬至

十二月大戊午辰寅
初五壬戌寅正三刻小寒
十九丙子亥正初刻大寒

咸豐元年辛亥

正月大戊 子戌申
初四辛卯申正一刻立春
十九丙午午正一刻雨水

二月大戊 午辰寅
初四辛卯午初一刻驚蟄
十九丙子午正一刻春分

三月小戊 子戌申
初四辛卯申正三刻清明
二十丁未子正二刻穀雨

四月大丁 巳卯丑
初六壬戌午初二刻立夏
廿二戊寅丑初初刻小滿

五月小丁 亥酉未
初七癸巳申正二刻芒種
廿三己酉巳初二刻夏至

六月小丙 辰寅子
初十乙丑寅初一刻小暑
廿五庚辰戌正二刻大暑

七月大乙 酉未巳
十二丙申未初一刻立秋
廿八壬子寅初一刻處暑

八月小乙 卯丑亥
十三丁卯卯初一刻白露
廿九癸未子正一刻秋分

閏八月小甲 申午辰
十五戊戌卯正初刻寒露

九月大癸 丑亥酉
初一癸丑辰正二刻霜降
廿六戊辰辰正一刻立冬

十月小癸 未巳卯
初一癸未卯初初刻小雪
十六戊戌子正初刻大雪

十一月大壬 子戌申
初一壬子酉初二刻冬至
十六丁卯巳正二刻小寒

十二月大壬 午辰寅
初一壬午寅初三刻大寒
十五丙申亥正初刻立春
三十辛亥酉正一刻雨水

咸豐二年壬子

正月大壬 子戌申
十五丙寅申正三刻驚蟄
三十辛巳酉正初刻春分

二月小壬 午辰寅
十五丙申亥正三刻清明

三月大辛 亥酉未
初二壬子卯正二刻穀雨
十七丁卯酉初一刻立夏

四月大辛 巳卯丑
初三癸未卯正三刻小滿
十八戊戌亥正一刻芒種

五月小辛 亥酉未
初四甲寅申初一刻夏至
二十庚午巳初初刻小暑

六月小庚 辰寅子
初七丙戌丑正二刻大暑
廿二辛丑酉正三刻立秋

七月大己 酉未巳
初九丁巳亥初一刻處暑
廿四壬申亥初初刻白露

八月小己 卯丑亥
初十戊子卯正初刻秋分
廿五癸卯午初三刻寒露

九月大戊 申午辰
十一戊午未正二刻霜降
廿六癸酉未正初刻立冬

十月小戊 寅子戌
十一戊子午初初刻小雪
廿六癸卯卯初三刻大雪

十一月小丁 未巳卯
十一丁巳夜子一刻冬至
廿六壬申申正一刻小寒

十二月大丙 子戌申
十二丁亥巳初二刻大寒
廿七壬寅寅正初刻立春

咸豐三年癸丑

月	朔	初一、十一、廿一	節氣	節氣
正月大	丙	午辰寅	十二丁巳子正初刻雨水	廿六辛未亥正二刻驚蟄
二月小	丙	子戌申	十二丁亥子正初刻春分	廿七壬寅寅正二刻清明
三月大	乙	巳卯丑	十三丁巳午正一刻穀雨	廿八壬申夜子初刻立夏
四月大	乙	亥酉未	十四戊子午正二刻小滿	三十甲辰寅正一刻芒種
五月小	乙	巳卯丑	十五己未亥初一刻夏至	
六月大	甲	戌申午	初二乙亥未正三刻小暑	十八辛卯辰正一刻大暑
七月小	甲	辰寅子	初四丁未子正二刻立秋	十九壬戌申初初刻處暑
八月大	癸	酉未巳	初六戊寅丑正三刻白露	廿一癸巳午正初刻秋分
九月小	癸	卯丑亥	初六戊申酉初三刻寒露	廿一癸亥戌正一刻霜降
十月大	壬	申午辰	初七戊寅戌初三刻立冬	廿二癸巳申正三刻小雪
十一月大	壬	寅子戌	初七戊申午初三刻大雪	廿二癸亥卯初一刻冬至
十二月大	辛	未巳卯	初七丁丑亥正一刻小寒	廿二壬辰申初二刻大寒

咸豐四年甲寅

正月小辛	丑亥酉	初七丁未巳初三刻立春	廿二壬戌卯初三刻雨水
二月大庚	午辰寅	初八丁丑寅正一刻驚蟄	廿三壬辰卯初三刻春分
三月小庚	子戌申	初八丁未巳正一刻清明	廿三壬戌酉正初刻穀雨
四月大己	巳卯丑	初十戊寅寅正三刻立夏	廿六甲子酉正一刻小滿
五月小己	亥酉未	十一己酉巳正三刻芒種	廿七乙丑寅初初刻夏至
六月大戊	辰寅子	十三庚辰戌正二刻小暑	廿九丙申未正初刻大暑
七月大戊	戌申午	十五壬子卯正一刻立秋	三十丁卯戌正初刻處暑
閏七月小戊	辰寅子	十六癸未辰正三刻白露	
八月大丁	酉未巳	初二戊戌酉初三刻秋分	十七癸丑夜子三刻寒露
九月小丁	卯丑亥	初三己巳丑正初刻霜降	十八甲申丑初三刻立冬
十月大丙	申午辰	初三戊戌亥正二刻小雪	十八癸丑酉初二刻大雪
十一月小丙	寅子戌	初三戊辰午初初刻冬至	十八癸未寅正初刻小寒
十二月大乙	未巳卯	初三丁酉亥初一刻大寒	十八壬子申初二刻立春

咸豐五年乙卯

正月小乙　丑亥酉
初三丁卯午初三刻雨水
十八壬午巳正一刻驚蟄

二月小甲　午辰寅
初四丁酉午初二刻春分
十九壬子申正初刻清明

三月大癸　亥酉未
初五丁卯夜子三刻穀雨
廿一癸未巳正三刻立夏

四月小癸　巳卯丑
初七己亥子正一刻小滿
廿二甲寅申初三刻芒種

五月大壬　戌申午
初九庚午辰初三刻夏至
廿五丙戌丑正三刻小暑

六月大壬　辰寅子
初十辛丑戌初三刻大暑
廿六丁巳午正初刻立秋

七月小壬　戌申午
十二癸酉丑正二刻處暑
廿七戊子未正二刻白露

八月大辛　卯丑亥
十三癸卯夜子二刻秋分
廿九乙未卯初一刻寒露

九月大辛　酉未巳
十四甲戌辰正初刻霜降
廿九己丑辰初二刻立冬

十月小辛　卯丑亥
十四甲辰寅正二刻小雪
廿八戊午夜子一刻大雪

十一月大庚　申午辰
十四癸酉申正三刻冬至
廿九戊子巳初三刻小寒

十二月小庚　寅子戌
十四癸卯寅初初刻大寒
廿八丁巳亥初二刻立春

咸豐六年丙辰

月	朔干	旬首	節氣	節氣
正月大	己	未巳卯	十四壬申酉初二刻雨水	廿九丁亥申正初刻驚蟄
二月小	己	丑亥酉	十四壬寅酉初二刻春分	廿九丁巳亥正初刻清明
三月小	戊	午辰寅	十六癸酉卯初三刻穀雨	
四月大	丁	亥酉未	初二戊子未正二刻立夏	十八甲辰卯初初刻小滿
五月小	丁	巳卯丑	初三己未亥初二刻芒種	十九乙亥未正二刻夏至
六月大	丙	戌申午	初六辛卯辰正一刻小暑	廿二丁未丑初二刻大暑
七月小	丙	辰寅子	初七壬戌酉正一刻立秋	廿三戊寅辰正一刻處暑
八月大	乙	酉未巳	初九癸巳戌正一刻白露	廿五己酉卯初一刻秋分
九月大	乙	卯丑亥	初十甲子午初初刻寒露	廿五己卯未初三刻霜降
十月小	乙	酉未巳	初十甲午未初一刻立冬	廿五己酉巳正二刻小雪
十一月大	甲	寅子戌	初十甲子卯初初刻大雪	廿四戊寅亥正二刻冬至
十二月小	甲	申午辰	初十癸巳申初二刻小寒	廿五戊申巳初初刻大寒

咸豐七年丁巳

正月小甲　寅子戌
初十癸亥寅初一刻立春
廿四丁丑夜子一刻雨水

二月大癸　未巳卯
初十壬辰亥初三刻驚蟄
廿五丁未夜子二刻春分

三月小癸　丑亥酉
十一癸亥寅初三刻清明
廿六戊寅午初二刻穀雨

四月小壬　午辰寅
十二癸巳亥正初刻立夏
廿八己酉午初三刻小滿

五月大辛　亥酉未
十五乙丑寅初一刻芒種
三十庚辰戌正一刻夏至

閏五月小辛　巳卯丑
十六丙申未正初刻小暑

六月大庚　戌申午
初三壬子辰初二刻大暑
十八丁卯夜子二刻立秋

七月小庚　辰寅子
初四癸未未正一刻處暑
二十己亥丑正初刻白露

八月大己　酉未巳
初六甲寅午初一刻秋分
廿一己巳酉初初刻寒露

九月小己　卯丑亥
初六甲申戌初二刻霜降
廿一己亥戌初初刻立冬

十月大戊　申午辰
初七甲寅申正初刻小雪
廿二己巳午初初刻大雪

十一月大戊　寅子戌
初七甲申寅正二刻冬至
廿一戊戌亥初初刻小寒

十二月大戊　申午辰
初六癸丑未正二刻大寒
廿一戊辰巳初初刻立春

咸豐八年戊午

月	朔	旬首	節氣	節氣
正月小	戊	寅子戌	初六癸未卯初一刻雨水	廿一戊戌寅初三刻驚蟄
二月大	丁	未巳卯	初七癸丑卯初二刻春分	廿二戊辰巳初二刻清明
三月小	丁	丑亥酉	初七癸未酉初一刻穀雨	廿三巳亥寅正初刻立夏
四月小	丙	午辰寅	初九甲寅酉初二刻小滿	廿五庚午巳初一刻芒種
五月大	乙	亥酉未	十二丙戌丑正一刻夏至	廿七辛丑戌初三刻小暑
六月小	乙	巳卯丑	十三丁巳未初一刻大暑	廿九癸酉卯初二刻立秋
七月小	甲	戌申午	十五戊子戌正初刻處暑	
八月大	癸	卯丑亥	初二甲辰辰正初刻白露	十七己未酉初初刻秋分
九月大	癸	酉未巳	初二甲戌亥正三刻寒露	十八庚寅丑初一刻霜降
十月小	癸	卯丑亥	初三乙巳丑初初刻立冬	十七己未亥初三刻小雪
十一月大	壬	申午辰	初三甲戌申正三刻大雪	十八己丑巳正一刻冬至
十二月大	壬	寅子戌	初三甲辰寅正一刻小寒	十七戊午戌正二刻大寒

咸豐九年己未

正月大壬	申午辰	初二癸酉未正三刻立春	十七戊子午初初刻雨水
二月小壬	寅子戌	初二癸卯巳初二刻驚蟄	十七戊午巳正三刻春分
三月大辛	未巳卯	初三癸酉申初二刻清明	十八戊子夜子初二刻穀雨
四月小辛	丑亥酉	初四甲辰巳正初刻立夏	十九庚申夜子正一刻小滿
五月小庚	午辰寅	初六乙亥申初初刻芒種	廿二辛卯辰正初刻夏至
六月大己	亥酉未	初九丁未丑初二刻小暑	廿四壬戌戌初初刻大暑
七月小己	巳卯丑	初十戊寅午初初刻立秋	廿六甲午丑初三刻處暑
八月小戊	戌申午	十二己酉未初三刻白露	廿七甲子亥正三刻秋分
九月大丁	卯丑亥	十四庚辰寅正二刻寒露	廿九乙未辰初一刻霜降
十月小丁	酉未巳	十四庚戌卯初三刻立冬	廿九乙丑寅初三刻小雪
十一月大丙	寅子戌	十四己卯亥正二刻大雪	廿九甲午申正一刻冬至
十二月大丙	申午辰	十四己酉巳初初刻小寒	廿九甲子丑正一刻大寒

咸豐十年庚申

正月大丙寅子戌
十三戊寅戌正三刻立春
廿八癸巳申正三刻雨水

二月小丙申午辰
十三戊申申初一刻驚蟄
廿八癸亥申正三刻春分

三月大乙丑亥酉
十四戊寅亥初一刻清明
三十甲午卯初初刻穀雨

閏三月大乙未巳卯
十六巳酉申初三刻立夏

四月小乙丑亥酉
初一乙丑卯初一刻小滿
十六庚辰亥初三刻芒種

五月小甲午辰寅
初三丙申未初三刻夏至
十九壬子辰初二刻小暑

六月大癸亥酉未
初六戊辰子正三刻大暑
廿一癸未酉初初刻立秋

七月小癸巳卯丑
初七巳亥辰初二刻處暑
廿二甲寅戌初二刻白露

八月小壬戌申午
初九庚午寅正二刻秋分
廿四乙酉巳正二刻寒露

九月大辛卯丑亥
初十庚子未初初刻霜降
廿五乙卯午正二刻冬至

十月小辛酉未巳
初十庚午巳初二刻小雪
廿五乙酉寅正二刻大雪

十一月大庚寅子戌
初十巳亥亥正初刻冬至
廿五甲寅申初初刻小寒

十二月大庚申午辰
初十巳巳辰正一刻大寒
廿五甲申丑正二刻立春

咸豐十一年辛酉

正月小庚 寅子戌
初九戊戌亥正二刻雨水
廿四癸丑亥初一刻驚蟄

二月大己 未巳卯
初十戊辰亥正二刻春分
廿六甲申寅初二刻清明

三月大己 丑亥酉
十一己亥巳正三刻穀雨
廿六甲寅亥初二刻立夏

四月小己 未巳卯
十二庚午午初初刻小滿
廿八丙戌丑正二刻芒種

五月大戊 子戌申
十四辛丑戌初二刻夏至
三十丁巳未初一刻小暑

六月小戊 午辰寅
十六癸酉卯正二刻大暑

七月大丁 亥酉未
初二戊子夜子初刻立秋
十八甲辰未初二刻處暑

八月小丁 巳卯丑
初四庚申丑初一刻白露
十九乙亥巳正二刻秋分

九月小丙 戌申午
初五庚寅申正一刻寒露
二十乙巳酉正三刻霜降

十月小丙 辰寅子
初五庚申酉正二刻立冬
二十乙亥申初一刻小雪

十一月小乙 酉未巳
初六庚寅巳正二刻大雪
廿一乙巳寅初三刻冬至

十二月大甲 寅子戌
初六己未戌正二刻小寒
廿一甲戌未正初刻大寒

同治元年壬戌

正月大甲	申午辰	初六己丑辰正一刻立春	廿一甲辰寅正二刻雨水
二月小甲	寅子戌	初六己未寅初初刻驚蟄	廿一甲戌寅正一刻春分
三月大癸	未巳卯	初七己丑辰正三刻清明	廿二甲辰申正二刻穀雨
四月小癸	丑亥酉	初八庚申寅初一刻立夏	廿三乙亥申正三刻小滿
五月大壬	午辰寅	初十辛卯辰正一刻芒種	廿六丁未丑初二刻夏至
六月大壬	子戌申	十一壬戌戌初初刻小暑	廿七戊寅午初二刻大暑
七月小壬	午辰寅	十三甲午寅正三刻立秋	廿八己酉戌初一刻處暑
八月大辛	亥酉未	十五乙丑辰初一刻白露	三十庚辰申正一刻秋分
閏八月小辛	巳卯丑	十五乙未亥正初刻寒露	
九月大庚	戌申午	初二辛亥子正三刻霜降	十七丙寅子正一刻立冬
十月小庚	辰寅子	初一庚辰亥初一刻小雪	十六乙未申正初刻大雪
十一月小己	酉未巳	初二庚戌巳初三刻冬至	十七乙丑丑正二刻小寒
十二月大戊	寅子戌	初二己卯戌初三刻大寒	十七甲午未正一刻立春

同治二年癸亥

正月小戊 申午辰
初二巳酉巳正一刻雨水
十七甲子辰正三刻驚蟄

二月大丁 丑亥酉
初三巳卯巳正一刻春分
十八甲午未正二刻清明

三月大丁 未巳卯
初三巳酉亥正一刻穀雨
十九乙丑巳初一刻立夏

四月小丁 丑亥酉
初四庚辰亥正二刻小滿
二十丙申未正一刻芒種

五月大丙 午辰寅
初七壬子辰初一刻夏至
廿三戊辰子正三刻小暑

六月小丙 子戌申
初八癸未酉正一刻大暑
廿四巳亥巳正二刻立秋

七月大乙 巳卯丑
十一乙卯丑初初刻處暑
廿六庚午未初初刻白露

八月大乙 亥酉未
十一乙酉亥正初刻秋分
廿七辛丑寅初三刻寒露

九月小乙 巳卯丑
十二丙辰卯正二刻霜降
廿七辛未卯正初刻立冬

十月大甲 戌申午
十三丙戌寅初初刻小雪
廿七庚子亥正初刻大雪

十一月小甲 辰寅子
十二乙卯申初二刻冬至
廿七庚午辰正二刻小寒

十二月大癸 酉未巳
十三乙酉丑初三刻大寒
丑七巳亥戌正初刻立春

同治三年甲子

月	朔	節氣	中氣
正月小癸	卯丑亥	十二甲寅申正初刻雨水	廿七己巳未正二刻驚蟄
二月小壬	申午辰	十三甲申申正初刻春分	廿八己亥戌正二刻清明
三月大辛	丑亥酉	十五乙卯寅正一刻穀雨	三十庚午申初初刻立夏
四月小辛	未巳卯	十六丙戌寅正二刻小滿	
五月大庚	子戌申	初二辛丑戌正初刻芒種	十八丁巳未初初刻夏至
六月小庚	午辰寅	初四癸酉卯正二刻小暑	二十己丑子正初刻大暑
七月大已	亥酉未	初六甲辰申正一刻立秋	廿二庚申卯正三刻處暑
八月大已	巳卯丑	初七乙亥酉正三刻白露	廿三辛卯寅初三刻秋分
九月小已	亥酉未	初八丙午巳初三刻寒露	廿三辛酉午正一刻霜降
十月大戊	辰寅子	初九丙子午初三刻立冬	廿四辛卯辰正三刻小雪
十一月大戊	戌申午	初九丙午寅初三刻大雪	廿三庚申亥初一刻冬至
十二月小戊	辰寅子	初八乙亥未正一刻小寒	廿三庚寅辰初二刻大寒

同治四年乙丑

正月大丁 酉未巳 初九乙巳丑初三刻立春 廿三己未亥正初刻雨水

二月小丁 卯丑亥 初八甲戌戌正二刻驚蟄 廿三己丑亥初二刻春分

三月大丙 申午辰 初十乙巳丑正一刻清明 廿五庚申巳正初刻穀雨

四月大乙 丑亥酉 十一乙亥戌正三刻立夏 廿七辛卯巳正一刻小滿

五月小乙 未巳卯 十三丁未丑初三刻芒種 廿八壬戌酉正三刻夏至

閏五月大甲 子戌申 十五戊寅卯正二刻小暑

六月小甲 午辰寅 初一甲午卯初三刻大暑 十六己酉亥正一刻立秋

七月大癸 亥酉未 初三乙丑午正三刻處暑 十九辛巳子正二刻白露

八月大癸 巳卯丑 初四丙申巳初三刻秋分 十九辛亥申初二刻寒露

九月小癸 亥酉未 初四丙寅酉正初刻霜降 十九辛巳酉初三刻立冬

十月大壬 辰寅子 初五丙申未正三刻小雪 二十辛亥巳初二刻大雪

十一月大壬 戌申午 初五丙寅寅初初刻冬至 十九庚辰戌正初刻小寒

十二月小壬 辰寅子 初四乙未未初一刻大寒 十九庚戌辰初一刻立春

同治五年丙寅

月	朔、十一、廿一	節氣	節氣	節氣
正月大辛	酉未巳	初五乙丑寅初三刻雨水	二十庚辰丑正一刻驚蟄	
二月小辛	卯丑亥	初五乙未寅初二刻春分	二十庚戌辰正初刻清明	
三月大庚	申午辰	初六乙丑申初三刻穀雨	廿二辛巳丑正二刻立夏	
四月小庚	寅子戌	初八丙申申正初刻小滿	廿三壬子辰初二刻芒種	
五月小己	未巳卯	初十戊辰子正二刻夏至	廿五癸未酉正一刻小暑	
六月小戊	子戌申	十二己亥午初三刻大暑	廿八乙卯寅正初刻立秋	
七月大丁	巳卯丑	十四庚午酉正二刻處暑	三十丙戌卯正二刻白露	
八月大丁	亥酉未	十五辛丑申初二刻秋分	三十丙辰亥初一刻寒露	
九月小丁	巳卯丑	十六壬申子正初刻霜降		
十月大丙	戌申午	初一丙戌夜子二刻立冬	十六辛丑戌正二刻小暑	
十一月大丙	辰寅子	初一丙辰申初二刻大雪	十六辛未巳初初刻冬至	
十二月大丙	戌申午	初一丙戌丑正初刻小寒	十五庚子戌初一刻大寒	三十乙卯未初二刻立春

同治六年丁卯

正月小丙 辰寅子
十五庚午巳初二刻雨水

二月大乙 酉未巳
初一乙酉辰正初刻驚蟄
十六庚子巳初二刻春分

三月小乙 卯丑亥
初一乙卯未正初刻清明
十六庚午亥初三刻穀雨

四月小甲 申午辰
初三丙戌辰正一刻立夏
十八辛丑亥初三刻小滿

五月大癸 丑亥酉
初五丁巳未初二刻芒種
廿一癸酉卯正二刻夏至

六月小癸 未巳卯
初七巳丑子正刻刻小暑
廿二甲辰酉初二刻大暑

七月小壬 子戌申
初九庚申子正三刻立秋
廿五丙子子正一刻處暑

八月大辛 巳卯丑
十一辛卯午正一刻白露
廿六丙午亥初一刻秋分

九月小辛 亥酉未
十二壬戌寅初一刻寒露
廿七丁丑卯初三刻霜降

十月大庚 辰寅子
十三壬辰卯初一刻立冬
廿八丁未丑正二刻小雪

十一月小庚 戌申午
十二辛酉亥初一刻大雪
廿七丙子未正三刻冬至

十二月大庚 辰寅子
十二辛卯辰初三刻小寒
廿七丙午丑初初刻大寒

同治七年戊辰

正月小庚	戌申午	十一庚申戌初一刻立春	廿六乙亥申初二刻雨水
二月大己	卯丑亥	十二庚辰未正初刻驚蟄	廿七乙巳申初一刻春分
三月大己	酉未巳	十二庚申戌初三刻清明	廿八丙子寅初二刻穀雨
四月小己	卯丑亥	十三辛卯未正一刻立夏	廿九丁未寅初二刻小滿
閏四月小戊	申午辰	十五壬戌戌初一刻芒種	
五月大丁	丑亥酉	初二戊寅午正一刻夏至	十八甲午卯初二刻小暑
六月小丁	未巳卯	初三己酉夜子一刻大暑	十九乙丑申初二刻立秋
七月小丙	子戌申	初六辛巳卯正初刻處暑	廿一丙申酉正初刻白露
八月大乙	巳卯丑	初八壬子寅初初刻秋分	廿三丁卯巳初初刻寒露
九月小乙	亥酉未	初八壬午午初二刻霜降	廿三丁酉午初一刻立冬
十月大甲	辰寅子	初九壬子辰正一刻小雪	廿四丁卯寅初初刻大雪
十一月大甲	戌申午	初八辛巳戌正二刻冬至	廿三丙申未初二刻小寒
十二月小甲	辰寅子	初八辛亥卯正三刻大寒	廿三丙寅丑初一刻立春

同治八年己巳

正月大	癸	酉未巳	初八庚辰亥初一刻雨水	廿三乙未戌初三刻驚蟄
二月大	癸	卯丑亥	初八庚戌亥初初刻春分	廿四丙寅丑刻二刻淸明
三月小	癸	酉未巳	初九辛巳巳初一刻穀雨	廿四丙申戌正初刻立夏
四月大	壬	寅子戌	初十辛亥巳初二刻小滿	廿六丁卯丑初初刻芒種
五月小	壬	申午辰	十二癸未酉正初刻夏至	廿八己亥午初二刻小暑
六月大	辛	丑亥酉	十五乙卯卯初初刻大暑	三十庚午亥初一刻立秋
七月小	辛	未巳卯	十六丙戌午初三刻處暑	
八月小	庚	子戌申	初二辛丑夜子三刻白露	十八丁巳巳初初刻秋分
九月大	己	巳卯丑	初四壬申未正三刻寒露	十九丁亥酉初二刻霜降
十月小	己	亥酉未	初四壬寅酉初初刻立冬	十九丁巳未正初刻小雪
十一月大	戊	辰寅子	初五壬申巳初初刻大雪	二十丁亥丑正二刻冬至
十二月小	戊	戌申午	初四辛丑戌初二刻小寒	十九丙辰午正三刻大寒

同治九年庚午

正月大丁 卯丑亥 初五辛未辰初初刻立春 二十丙戌寅初初刻雨水

二月大丁 酉未巳 初五辛丑丑初二刻驚蟄 二十丙辰寅初一刻春分

三月大丁 卯丑亥 初五辛未辰初一刻清明 二十丙戌申正初刻穀雨

四月小丁 酉未巳 初六壬寅丑初三刻立夏 廿一丁巳申初一刻小滿

五月大丙 寅子戌 初八癸酉卯正三刻芒種 廿三戊子夜子三刻夏至

六月小丙 申午辰 初九甲辰酉初二刻小暑 廿五庚申巳正三刻大暑

七月大乙 丑亥酉 十二丙子寅初一刻立秋 廿五辛卯酉初三刻處暑

八月小乙 未巳卯 十三丁未卯初三刻白露 廿八壬戌未正三刻秋分

九月小甲 子戌申 十四丁卯戌正三刻寒露 廿九壬辰夜子一刻霜降

十月大癸 巳卯丑 十五丁未亥正三刻立冬 三十壬戌戌初三刻小雪

閏十月小癸 亥酉未 十五丁丑未正三刻大雪

十一月大壬 辰寅子 初一壬辰辰正一刻冬至 十六丁未丑初一刻小寒 三十辛酉酉正二刻大寒

十二月小壬 戌申午 十五丙子午正三刻立春

同治十年辛未

正月大辛 卯丑亥 初一辛卯辰正三刻雨水 十六丙午辰初一刻驚蟄

二月大辛 酉未巳 初一辛酉辰正三刻春分 十六丙子未初二刻淸明

三月小辛 卯丑亥 初一辛卯戌正三刻穀雨 十七丁未辰初二刻立夏

四月大庚 申午辰 初三壬戌午正三刻小滿 十九戊寅午正二刻芒種

五月大庚 寅子戌 初五甲午卯初二刻夏至 二十己酉夜子一刻小暑

六月小庚 申午辰 初六乙丑申正三刻大暑 廿二辛巳巳正二刻立秋

七月小己 丑亥酉 初八丙申夜子二刻處暑 廿四壬子午初二刻白露

八月小己 未巳卯 初九丁卯戌正二刻秋分 廿五癸未寅初初刻寒露

九月大戊 子戌申 十一戊戌子正三刻霜降 廿六癸丑寅正三刻立冬

十月小戊 午辰寅 十一戊辰丑初三刻小雪 廿五壬午戌正二刻大雪

十一月小丁 亥酉未 十一丁酉未正初刻冬至 廿六壬子辰初初刻小寒

十二月大丙 辰寅子 十二丁卯子正一刻大寒 廿六辛巳酉正三刻立春

同治十一年壬申

正月小丙	戌申午	十一丙申未正三刻雨水	廿六辛亥未初一刻驚蟄
二月小乙	卯丑亥	十二丙寅未正二刻春分	廿七辛巳戌初初刻清明
三月小乙	酉未巳	十三丁酉丑正三刻穀雨	廿八壬子未初二刻立夏
四月大甲	寅子戌	十五戊辰丑正三刻小滿	三十癸未酉正二刻芒種
五月大甲	申午辰	十六己亥午初二刻夏至	
六月小甲	寅子戌	初二乙卯卯初初刻小暑	十七庚午亥正二刻大暑
七月大癸	未巳卯	初四丙戌未正三刻立秋	二十壬寅卯初一刻處暑
八月小癸	丑亥酉	初五丁巳酉初一刻白露	廿一癸酉丑正一刻春分
九月大壬	午辰寅	初七戊子辰正一刻寒露	廿二癸卯巳正三刻霜降
十月大壬	子戌申	初九戊午巳正二刻立冬	廿二癸酉辰初二刻小雪
十一月小壬	午辰寅	初七戊子丑正二刻大雪	廿一壬寅戌正初刻冬至
十二月大辛	亥酉未	初七丁巳未初初刻小寒	廿二壬申卯正一刻大寒

同治十二年癸酉

正月小辛 巳卯丑
初七丁亥子正二刻立春
廿一辛丑戌正二刻雨水

二月小庚 戌申午
初七丙辰戌初初刻驚蟄
廿二辛未戌正一刻春分

三月大己 卯丑亥
初九丁亥子正三刻清明
廿四壬寅辰正二刻穀雨

四月小己 酉未巳
初九丁巳戌初一刻立夏
廿五癸酉辰正三刻小滿

五月大戊 寅子戌
十二己丑子正一刻芒種
廿七甲辰酉初一刻夏至

六月小戊 申午辰
十三庚申巳正三刻小暑
廿九丙子寅正一刻大暑

閏六月小丁 丑亥酉
十五辛卯戌正二刻立秋

七月大丁 未巳卯
初一丁未午初初刻處暑
十六壬戌夜子初初刻白露

八月小丁 丑亥酉
初二戊寅辰正一刻秋分
十七癸巳未正初刻寒露

九月大丙 午辰寅
初三戊申申正三刻霜降
十八癸亥申正一刻立冬

十月大丙 子戌申
初三戊寅未正一刻小雪
十八癸巳辰正一刻大雪

十一月小丙 午辰寅
初三戊申丑初三刻冬至
十七壬戌酉正三刻小寒

十二月大乙 亥酉未
初三丁丑午正初刻大寒
十八壬辰卯正一刻立春

同治十三年甲戌

正月小	乙巳卯丑	初三丁未丑正一刻雨水	十八壬戌子正三刻驚蟄
二月小	甲戌申午	初四丁丑卯正一刻春分	十九壬辰卯正二刻清明
三月大	癸卯丑亥	初五丁未未初一刻穀雨	廿一癸亥丑初初刻立夏
四月小	癸酉未巳	初六戊寅未正二刻小滿	廿二甲午卯正初刻芒種
五月大	壬寅子戌	初八巳酉夜子初刻夏至	廿四乙丑申正三刻小暑
六月小	壬申子辰	初十辛巳巳正初刻大暑	廿六丁酉丑正二刻立秋
七月大	辛丑亥酉	十二壬子申正三刻處暑	廿八戊辰卯初三刻白露
八月小	辛未巳卯	十三癸未未初三刻秋分	廿八戊戌戌初三刻寒露
九月大	庚子戌申	十四癸丑亥初二刻霜降	廿九戊辰亥正初刻立冬
十月大	庚午辰寅	十四癸未戌初初刻小雪	廿九戊戌未正初刻大雪
十一月大	庚子戌申	十四癸丑辰初二刻冬至	廿九戊辰子正二刻小寒
十二月小	庚午辰寅	十三壬午酉初三刻大寒	廿八丁酉午正初刻立春

光緒元年乙亥

正月大己	亥酉未	十四壬子辰正一刻雨水	廿九丁卯卯正三刻驚蟄
二月小己	巳卯丑	十四壬午辰正初刻春分	廿九丁酉午正二刻清明
三月小戊	戌申午	十五壬子戌正初刻穀雨	
四月大丁	卯丑亥	初二戊辰卯正三刻立夏	十七癸未戌正一刻小滿
五月小丁	酉未巳	初三己亥午初三刻芒種	十九乙卯辰正三刻夏至
六月小丙	寅子戌	初五庚午亥正二刻小暑	廿一丙戌申初三刻大暑
七月大乙	未巳卯	初八壬寅辰正一刻立秋	廿三丁巳亥正三刻處暑
八月小乙	丑亥酉	初九癸酉巳正三刻白露	廿四戊子戌初三刻秋分
九月大甲	午辰寅	十一甲辰丑初三刻寒露	廿六己未寅正一刻霜降
十月大甲	子戌申	十一甲戌寅正初刻立冬	廿六己丑丑初初刻小雪
十一月大甲	午辰寅	初十癸卯戌初三刻大雪	廿五戊午未初二刻冬至
十二月小甲	子戌申	初十癸酉卯正二刻小寒	廿四丁亥夜子三刻大寒

光緒二年丙子

正月大癸 巳卯丑
初十壬寅酉正初刻立春
廿五丁巳未正初刻雨水

二月大癸 亥酉未
初十壬申午正二刻驚蟄
廿五丁亥未初三刻春分

三月小癸 巳卯丑
初十壬寅酉正一刻清明
廿六戊午丑正初刻穀雨

四月小壬 戌申午
十二癸酉午正二刻立夏
廿八己亥丑正初刻小滿

五月大辛 卯丑亥
十四甲辰酉初二刻芒種
三十庚申巳正三刻夏至

閏五月小辛 酉未巳
十六丙子寅正一刻小暑

六月小庚 寅子戌
初二辛卯亥初三刻大暑
十八丁未未正初刻立秋

七月大己 未巳卯
初五癸亥寅正二刻處暑
二十戊寅申正二刻白露

八月小己 丑亥酉
初六甲午丑初二刻秋分
廿一己酉辰初二刻寒露

九月大戊 午辰寅
初七甲子巳正一刻霜降
廿二己卯巳初三刻立冬

十月大戊 子戌申
初七甲午卯正三刻小雪
廿二己酉丑初三刻大雪

十一月小戊 午辰寅
初六癸亥戌初一刻冬至
廿一戊寅午正一刻小寒

十二月大丁 亥酉未
初七癸巳卯初二刻大寒
廿一丁未夜子三刻立春

光緒三年丁丑

正月大丁	巳卯丑	初六壬戌戌初三刻雨水	廿一丁丑酉正一刻驚蟄
二月大丁	亥酉未	初六壬辰戌初二刻春分	廿二戊申子正初刻清明
三月小丁	巳卯丑	初六癸亥辰初三刻穀雨	廿二戊寅酉正二刻立夏
四月小丙	戌申午	初九甲午辰初三刻小滿	廿四己酉夜子二刻芒種
五月大乙	亥丑卯	十一乙丑申正二刻夏至	廿七辛巳巳正初刻小暑
六月小乙	酉未巳	十三丁酉寅初二刻大暑	廿八壬子戌初二刻立秋
七月小甲	寅子戌	十五戊辰巳正二刻處暑	
八月大癸	未巳卯	初一癸未亥正一刻白露	十七己亥辰初二刻秋分
九月小癸	丑亥酉	初二甲寅未初一刻寒露	十七己巳申正初刻霜降
十月大壬	午辰寅	初三甲申申初二刻立冬	十八己亥午正二刻小雪
十一月小壬	子戌申	初三甲寅辰初二刻大雪	十八己巳丑初初刻冬至
十二月大辛	巳卯丑	初三癸未酉正初刻小寒	十八戊戌午初一刻大寒

光緒四年戊寅

正月大辛亥酉未
初三癸丑卯初三刻立春
十八戊辰丑初三刻雨水

二月大辛巳卯丑
初三癸未子正初刻驚蟄
十八戊戌丑初二刻春分

三月小辛亥酉未
初三癸丑卯初三刻清明
十八戊辰未初二刻穀雨

四月大庚辰寅子
初五甲子申正一刻立夏
二十己亥未正三刻小滿

五月小庚戌申午
初六乙卯卯初一刻芒種
廿一庚午亥正一刻夏至

六月大己卯丑亥
初八丙戌申初三刻小暑
廿四壬寅巳初一刻大暑

七月小己酉未巳
初十戊午丑初二刻立秋
廿五癸酉申正初刻處暑

八月小戊寅子戌
十二己丑寅正一刻白露
廿七甲辰未初一刻秋分

九月大丁未巳卯
十三己未戌初初刻寒露
廿八甲戌亥初三刻霜降

十月小丁丑亥酉
十三己丑亥初二刻立冬
廿八甲辰酉正二刻小雪

十一月大丙午辰寅
十四己未未初一刻大雪
廿九甲戌辰初初刻冬至

十二月小丙子戌申
十四己丑子正初刻小寒
廿八癸卯酉初一刻大寒

光緒五年己卯

正月大乙 巳卯丑
十四戊午午初二刻立春
廿九癸酉辰初二刻雨水

二月大乙 亥酉未
十四戊子卯正初刻驚蟄
廿九癸卯辰初一刻春分

三月小乙 巳卯丑
十四戊午午初三刻清明
廿九癸酉戌初一刻穀雨

閏三月大甲 戌申午
十六己丑卯正初刻立夏

四月大甲 辰寅子
初一甲辰戌初二刻小滿
十七庚申午初初刻芒種

五月小甲 戌申午
初三丙子寅正初刻夏至
十八辛卯亥初三刻小暑

六月大癸 卯丑亥
初五丁未申初初刻大暑
廿一癸亥辰初二刻立秋

七月小癸 酉未巳
初六戊寅亥正初刻處暑
廿二甲午巳正初刻白露

八月小壬 寅子戌
初八己酉戌初初刻秋分
廿四乙丑丑初初刻寒露

九月大辛 未巳卯
初十庚辰寅初二刻霜降
廿五乙未寅初一刻立冬

十月小辛 丑亥酉
初十庚戌子正一刻小雪
廿四甲子戌初一刻大雪

十一月大庚 午辰寅
初十己卯午正三刻冬至
廿五甲午卯初三刻小寒

十二月小庚 子戌申
初九戊申夜子初刻大寒
廿四癸亥酉初一刻立春

光緒六年庚辰

正月大己巳卯丑
初十戊寅未初一刻雨水
廿五癸巳午初三刻驚蟄

二月小己亥酉未
初十戊申未初初刻春分
廿五癸亥酉初二刻清明

三月大戊辰寅子
十二己卯丑初一刻穀雨
廿七甲午午初初刻立夏

四月大戊戌申午
十三庚戌丑初一刻小滿
廿八乙丑申正三刻芒種

五月小戊辰寅子
十四辛巳巳初三刻夏至

六月大丁酉未巳
初一丁酉寅初二刻小暑
十六壬子戌正三刻大暑

七月大丁卯丑亥
初二戊辰未初一刻立秋
十八甲申寅初三刻處暑

八月小丁酉未巳
初三己亥申初二刻白露
十九乙卯子正三刻秋分

九月大丙寅子戌
初三庚午卯正三刻寒露
二十乙酉巳初二刻霜降

十月小丙申午辰
初五庚子巳初初刻立冬
二十乙卯卯正初刻小雪

十一月小乙丑亥酉
初六庚午丑初初刻大雪
二十甲申酉正二刻冬至

十二月大甲午辰寅
初六己亥午初二刻小寒
廿一甲寅寅正三刻大寒

光緒七年辛巳

正月小甲 子戌申
初五戊辰夜子初一刻立春
二十癸未戌初一刻雨水

二月大癸 巳卯丑
初六戊戌酉初二刻驚蟄
廿一癸丑戌初初刻春分

三月小癸 亥酉未
初六戊辰夜子初一刻清明
廿二甲申申初一刻穀雨

四月大壬 辰寅子
初八己亥酉初三刻立夏
廿四乙卯辰初初刻小滿

五月小壬 戌申午
初九庚午亥正二刻芒種
廿五丙戌申初二刻夏至

六月大辛 卯丑亥
十二壬寅巳初一刻小暑
廿八戊午丑正三刻大暑

七月大辛 酉未巳
十三癸酉戌初二刻立秋
廿九己丑巳初初刻處暑

閏七月小辛 卯丑亥
十四甲辰亥初二刻白露

八月大庚 申午辰
初一庚申卯正三刻秋分
十六乙亥午正二刻寒露

九月大庚 寅子戌
初一庚寅申初一刻霜降
十六乙巳未正三刻立冬

十月小庚 申午辰
初一庚申午正初刻小雪
十六乙亥卯正三刻大雪

十一月大己 丑亥酉
初二庚寅子正二刻冬至
十六甲辰酉初二刻小寒

十二月小己 未巳卯
初一己未巳正三刻大寒
十六甲戌卯初初刻立春

光緒八年壬午

正月小戊	子戌申	初二己丑丑初初刻雨水	十六癸卯夜子二刻驚蟄
二月大丁	巳卯丑	初三己未子正三刻春分	十八甲戌卯初一刻清明
三月小丁	亥酉未	初三己丑午正三刻穀雨	十八甲辰夜子二刻夏至
四月大丙	辰寅子	初五庚申午正三刻小滿	廿一丙子寅正二刻芒種
五月小丙	戌申午	初六辛卯亥初二刻夏至	廿二丁未申初初刻小暑
六月大乙	卯丑亥	初九癸亥辰正二刻大暑	廿五己卯子正三刻立秋
七月小乙	酉未巳	初十甲午申初一刻處暑	廿六庚戌寅初一刻白露
八月大甲	寅子戌	十二乙丑午正二刻秋分	廿七庚辰酉正二刻寒露
九月大甲	申午辰	十二乙未亥初初刻霜降	廿七庚戌戌正三刻立冬
十月小甲	寅子戌	十二乙丑酉初三刻小雪	廿七庚辰午正三刻大雪
十一月大癸	未巳卯	十三乙未卯正一刻冬至	廿七己酉夜子一刻小寒
十二月大癸	丑亥酉	十二甲子申正二刻大寒	廿七己卯巳正三刻立春

光緒九年癸未

正月小癸　未巳卯
十二甲午卯正三刻穀雨
廿七乙酉卯初一刻驚蟄

二月小壬　子戌申
十三甲子卯正二刻春分
廿八己卯午初初刻清明

三月大辛　巳卯丑
十四甲午酉正二刻穀雨
三十庚戌卯初一刻立夏

四月小辛　亥酉未
十五乙丑酉正三刻小滿

五月小庚　辰寅子
初二辛巳巳正一刻芒種
十八丁酉寅初一刻夏至

六月大己　酉未巳
初四壬子戌正三刻小暑
二十戊辰未正一刻大暑

七月小己　卯丑亥
初六甲申卯正二刻立秋
廿一己亥亥初一刻處暑

八月大戊　申午辰
初八乙卯巳初一刻白露
廿三庚午酉正一刻秋分

九月大戊　寅子戌
初九丙戌子正一刻寒露
廿四辛丑寅初初刻霜降

十月大戊　申午辰
初九丙辰丑正二刻立冬
廿三庚午夜子正二刻小雪

十一月小戊　寅子戌
初八乙酉酉正二刻大雪
廿三庚子午正初刻冬至

十二月大丁　未巳卯
初九乙卯卯初初刻小寒
廿三己巳亥正一刻大寒

光緒十年甲申

正月大丁 丑亥酉
初八甲申申正二刻立春
廿三己亥午正二刻雨水

二月小丁 未巳卯
初八甲寅午初一刻驚蟄
廿三己巳午正一刻春分

三月小丙 子戌申
初九甲申申正三刻清明
廿五庚子子正一刻穀雨

四月大乙 巳卯丑
十一乙卯子初初刻立夏
廿七辛未子正二刻小滿

五月小乙 亥酉未
十二丙戌申正二刻芒種
廿八壬寅巳初初刻夏至

閏五月小甲 辰寅子
十五戊午丑正三刻小暑

六月大癸 酉未巳
初一癸酉戌正初刻大暑
十七己丑午正二刻立秋

七月小癸 卯丑亥
初三乙巳寅初初刻處暑
十八庚申申初初刻白露

八月大壬 申午辰
初五丙子卯正初刻秋分
二十辛卯卯正初刻寒露

九月大壬 寅子戌
初五丙午辰正初刻霜降
二十辛酉辰正一刻立冬

十月小壬 申午辰
初五丙子卯初二刻小雪
二十辛卯子正一刻大雪

十一月大辛 丑亥酉
初五乙巳酉正初刻冬至
二十庚申巳正三刻小寒

十二月大辛 未巳卯
初五乙亥寅正初刻大寒
十九己丑亥正二刻立春

光緒十一年乙酉

正月大辛 丑亥酉 初四甲辰酉正二刻雨水 十九己未申正三刻驚蟄

二月小辛 未巳卯 初四甲戌酉正二刻春分 十九己丑亥正二刻清明

三月小庚 子戌申 初六乙巳卯正一刻穀雨 廿一庚申酉初初刻立夏

四月大己 巳卯丑 初八丙子卯正一刻小滿 廿三辛卯亥初三刻芒種

五月小己 亥酉未 初九丁未未正三刻夏至 廿五癸亥辰正二刻小暑

六月小戊 辰寅子 十二己卯丑初三刻大暑 廿七甲午酉正一刻立秋

七月大丁 酉未巳 十四庚戌辰正三刻處暑 廿九乙丑戌正三刻白露

八月小丁 卯丑亥 十五辛巳卯正初刻秋分

九月大丙 申午辰 初一丙申午初三刻寒露 十六辛亥未正二刻霜降

十月小丙 寅子戌 初一丙寅未正一刻立冬 十六辛巳午初一刻小雪

十一月大乙 未巳卯 初二丙申卯正初刻大雪 十六庚戌夜子三刻冬至

十二月大乙 丑亥酉 初一乙丑申正三刻小寒 十六庚辰巳正初刻大寒

光緒十二年丙戌

正月大乙未巳卯
初一乙未寅正一刻立春
十六庚戌子正一刻雨水
三十甲子亥正三刻驚蟄

二月小乙丑亥酉
十六庚辰子正一刻春分

三月大甲午辰寅
初二乙未寅正二刻清明
十七庚戌午正初刻穀雨

四月小甲子戌申
初二乙丑亥正三刻立夏
十八辛巳午正初刻小滿

五月大癸巳卯丑
初五丁酉寅初二刻芒種
二十壬子戌正二刻夏至

六月大癸亥酉未
初六戊辰未正一刻小暑
廿二甲申辰初三刻大暑

七月小壬辰寅子
初九庚子子正初刻立秋
廿四乙卯未正二刻處暑

八月大辛酉未巳
十一辛未丑正二刻白露
廿六丙戌午初二刻秋分

九月小辛卯丑亥
十一辛丑酉初三刻寒露
廿六丙辰戌正一刻霜降

十月大庚申午辰
十一辛未戌正初刻立冬
廿二丙戌酉初初刻小雪

十一月小庚寅子戌
十二辛丑午正初刻大雪
廿七丙辰卯初二刻冬至

十二月大己未巳卯
十二庚午亥正二刻小寒
廿七乙酉申初三刻大寒

光緒十三年丁亥

正月大己　丑亥酉
十二庚子巳正初刻立春
廿七乙卯卯正初刻雨水

二月小己　未巳卯
十二庚午寅正二刻驚蟄
廿七乙酉卯初三刻春分

三月大戊　子戌申
十三庚子巳正一刻清明
廿八乙卯酉初三刻穀雨

四月大戊　午辰寅
十四辛未寅正二刻立夏
廿九丙戌酉正初刻小滿

閏四月小戊　子戌申
十五壬寅巳初二刻芒種

五月大丁　巳卯丑
初二戊午丑正二刻夏至
十七癸酉戌正初刻小暑

六月小丁　亥酉未
初三己丑未初三刻大暑
十九乙巳卯初三刻立秋

七月小丙　辰寅子
初五庚申戌正一刻處暑
廿一丙子辰正二刻白露

八月大乙　酉未巳
初七辛卯酉初三刻秋分
廿二丙午夜子二刻寒露

九月小乙　卯丑亥
初八壬戌丑正一刻霜降
廿三丁丑丑初三刻立冬

十月大甲　申午辰
初八辛卯亥正三刻小雪
廿三丙午酉初三刻大雪

十一月小甲　寅子戌
初八辛酉午初二刻冬至
廿三丙子寅正一刻小寒

十二月大癸　未巳卯
初八庚寅亥初二刻大寒
廿三乙巳申初三刻立春

光緒十四年戊子

正月大癸 丑亥酉
初八庚申午正一刻雨水
廿三乙亥巳正一刻驚蟄

二月小癸 未巳卯
初八庚寅午初二刻春分
廿三乙巳申正初刻清明

三月大壬 子戌申
初九庚申夜子三刻穀雨
廿五丙子巳正一刻立夏

四月大壬 午辰寅
初十辛卯夜子三刻小滿
廿六丁未申初一刻芒種

五月小壬 子戌申
十二癸亥辰正一刻夏至
廿八巳卯丑初三刻小暑

六月大辛 巳卯丑
十四甲午戌初一刻大暑
三十庚戌午初三刻立秋

七月小辛 亥酉未
十六丙寅丑正一刻處暑

八月小庚 辰寅子
初二辛巳未正一刻白露
十七丙申夜子一刻秋分

九月大巳 酉未巳
初四壬子卯初一刻寒露
十九丁卯辰正初刻霜降

十月小巳 卯丑亥
初四壬午辰初三刻立冬
十九丁酉寅正三刻小雪

十一月大戊 申午辰
初四辛亥夜子三刻大雪
十九丙寅酉初一刻冬至

十二月小戊 寅子戌
初四辛巳巳正一刻小寒
十九丙申寅初二刻大寒

光緒十五年己丑

正月大丁未巳卯 初四庚戌亥初三刻立春 十九乙丑酉初三刻雨水

二月小丁丑亥酉 初四庚辰申正一刻驚蟄 十九乙未酉初三刻春分

三月大丙午辰寅 初五庚戌亥初三刻清明 廿一丙寅卯初二刻穀雨

四月大丙子戌申 初六辛巳申正初刻立夏 廿二丁酉卯初二刻小滿

五月小丙午辰寅 初七壬子亥正初刻芒種 廿三戊辰未正初刻夏至

六月大乙亥酉未 初十甲申辰初三刻小暑 廿六庚子丑初初刻大暑

七月小乙巳卯丑 十一乙卯酉初二刻立秋 廿七辛未辰正初刻處暑

八月大甲戌申午 十三丙戌戌正初刻白露 廿九壬寅卯初一刻秋分

九月小甲辰寅子 十四丁巳午初初刻寒露 廿九壬申未初三刻霜降

十月大癸酉未巳 十五丁亥未初二刻立冬 三十壬寅巳正二刻小雪

十一月小癸卯丑亥 十五丁巳卯初二刻大雪 廿九辛未夜子初刻冬至

十二月大壬申午辰 十五丙戌申正初刻小寒 三十辛丑巳初一刻大寒

光緒十六年庚寅

正月小壬 寅子戌 十五丙辰寅初二刻立春 廿九庚午夜子二刻雨水

二月大辛 未巳卯 十五乙酉亥初一刻驚蟄 三十庚子夜子一刻春分

閏二月小辛 丑亥酉 十六丙辰寅初二刻清明

三月大庚 午辰寅 初二辛未午初一刻穀雨 十七丙戌亥正初刻立夏

四月小庚 子戌申 初三壬寅午初一刻小滿 十九戊午丑正三刻芒種

五月大己 巳卯丑 初五癸酉戌初三刻夏至 廿一己丑未初二刻小暑

六月大己 亥酉未 初七乙巳辰初初刻大暑 廿二庚申夜子一刻立秋

七月小己 巳卯丑 初八丙子未初三刻處暑 廿四壬辰丑初三刻白露

八月大戊 戌申午 初十丁未午初初刻秋分 廿五壬戌酉初初刻寒露

九月小戊 辰寅子 初十丁丑戌初三刻霜降 廿五壬辰戌初一刻立冬

十月大丁 酉未巳 十一丁未申正一刻小雪 廿六壬戌午初一刻大雪

十一月小丁 卯丑亥 十二丁丑卯初三刻冬至 廿丑辛卯亥初三刻小寒

十二月大丙 申午辰 十一丙午申初一刻大寒 廿六辛酉巳初一刻立春

光緒十七年辛卯

正月小丙寅子戌
十一丙子卯初二刻雨水
廿六辛卯寅初三刻驚蟄

二月大乙未巳卯
十二丙午卯初初刻春分
廿七辛酉巳初二刻淸明

三月小乙丑亥酉
十二丙子酉初初刻穀雨
廿八壬辰寅初三刻立夏

四月大甲午辰寅
十四丁未酉正初刻小滿
三十癸亥辰正三刻芒種

五月小甲子戌申
十六己卯丑初二刻夏至

六月大癸巳卯丑
初二甲午戌初一刻小暑
十八庚戌午正三刻大暑

七月小癸亥酉未
初四丙寅卯初初刻立秋
十九辛巳戌初二刻處暑

八月大壬辰寅子
初六丁酉辰初三刻白露
廿一壬子申正三刻秋分

九月大壬戌申午
初六丁卯亥正三刻寒露
廿二癸未丑初二刻霜降

十月小壬辰寅子
初七戊戌丑初一刻立冬
廿一壬子亥正一刻小雪

十一月大辛酉未巳
初七丁卯酉初一刻大雪
廿二壬午巳正三刻冬至

十二月大辛卯丑亥
初七丁酉寅初三刻小寒
廿一辛亥亥初初刻大寒

光緒十八年壬辰

正月小辛 酉未巳
初六丙寅甲初一刻立春
廿一辛巳午初一刻雨水

二月小庚 寅子戌
初七丙申巳初二刻驚蟄
廿二辛亥午初初刻春分

三月大己 未巳卯
初八丙寅申初一刻清明
廿三辛巳夜子初刻穀雨

四月小己 丑亥酉
初九丁酉巳初二刻立夏
廿四壬子夜子初刻小滿

五月小戊 午辰寅
十一戊辰未正二刻芒種
廿七甲申辰初二刻夏至

六月大丁 亥酉未
十四庚子丑初初刻小暑
廿九乙卯酉正二刻大暑

閏六月小丁 巳卯丑
十五辛未巳正三刻立秋

七月大丙 戌申午
初二丁亥酉初二刻處暑
十七壬寅未初二刻白露

八月大丙 辰寅子
初二丁巳亥正二刻秋分
十八癸酉寅正二刻寒露

九月小丙 戌申午
初三戊子辰初一刻霜降
十八癸卯辰初初刻立冬

十月大乙 卯丑亥
初四戊午寅正初刻小雪
十八壬申夜子初刻大雪

十一月大乙 酉未巳
初三丁亥申正二刻冬至
十八壬寅巳初二刻小寒

十二月大乙 卯丑亥
初三丁巳丑正三刻大寒
十七辛未亥初初刻立春

光緒十九年癸巳

月	大小	月建	朔	中氣/節氣	中氣/節氣
正月	小	乙	酉未巳	初二丙戌酉初初刻雨水	十七辛丑申初二刻驚蟄
二月	小	甲	寅子戌	初三丙辰申正三刻春分	十八辛未亥初初刻清明
三月	大	癸	未巳卯	初五丁亥寅正三刻穀雨	二十壬寅申初一刻立夏
四月	小	癸	丑亥酉	初六戊午寅正三刻小滿	廿一癸酉戌正一刻芒種
五月	小	壬	午辰寅	初八己丑未初一刻夏至	廿四乙巳卯正三刻小暑
六月	大	辛	亥酉未	十一辛酉子正一刻大暑	廿六丙子申正三刻立秋
七月	小	辛	巳卯丑	十二壬辰辰初一刻處暑	廿七丁未戌初一刻白露
八月	大	庚	戌申午	十四癸亥寅正二刻秋分	廿九戊寅巳正一刻寒露
九月	小	庚	辰寅子	十四癸巳未初初刻霜降	廿九戊申午正三刻立冬
十月	大	已	酉未巳	十五癸亥巳初三刻小雪	三十戊寅寅正三刻大雪
十一月	大	已	卯丑亥	十四壬辰亥正一刻冬至	廿九丁未申初一刻小寒
十二月	大	已	酉未巳	十四壬戌辰正二刻大寒	廿九丁丑丑正三刻立春

光緒二十年甲午

正月小己	卯丑亥	十三辛卯亥正三刻雨水	廿八丙午亥初一刻驚蟄
二月大戊	申午辰	十四辛酉亥初二刻春分	三十丁丑寅初初刻淸明
三月小戊	寅子戌	十五壬辰巳正二刻穀雨	
四月大丁	未巳卯	初一丁未亥初一刻立夏	十七癸亥巳正二刻小滿
五月小丁	丑亥酉	初三己卯丑正初刻芒種	十八甲午戌初初刻夏至
六月小丙	午辰寅	初五庚戌午正三刻小暑	二十丙寅卯正初刻大暑
七月大乙	亥酉未	初七辛巳亥正二刻立秋	廿三丁酉未初初刻處暑
八月小乙	巳卯丑	初九癸丑丑初初刻白露	廿四戊辰巳正一刻秋分
九月大甲	戌申午	初十癸未申正一刻寒露	廿五戊戌戌初初刻霜降
十月小甲	辰寅子	初十癸丑酉正二刻立冬	廿五戊辰申初三刻小雪
十一月大癸	酉未巳	十一癸未巳正二刻大雪	廿六戊戌寅正一刻冬至
十二月大癸	卯丑亥	初十壬子亥初一刻小寒	廿五丁卯未正二刻大寒

新増萬年書 八十九

光緒二十一年乙未

正月大癸 酉未巳
初十壬午辰正三刻立春
廿五丁酉寅正三刻雨水

二月小癸 卯丑亥
初十壬子寅初一刻驚蟄
廿五丁卯寅正一刻春分

三月大壬 申午辰
十一壬午辰正三刻清明
廿六丁酉申正一刻穀雨

四月小壬 寅子戌
十二癸丑寅初一刻立夏
廿七戊辰申正一刻小滿

五月大辛 未巳卯
十四甲申辰初三刻芒種
三十庚子子正三刻夏至

閏五月小辛 丑亥酉
十五乙卯酉正二刻小暑

六月小庚 午辰寅
初二辛未午正初刻大暑
十八丁亥寅正一刻立秋

七月大己 亥酉未
初四壬寅酉正三刻處暑
二十戊午辰初初刻白露

八月小己 巳卯丑
初五癸酉申正初刻秋分
二十戊子亥正初刻寒露

九月大戊 戌申午
初七甲辰子正三刻霜降
廿二己未子正一刻立冬

十月小戊 辰寅子
初六癸酉亥初二刻小雪
廿一戊子申正二刻大雪

十一月大丁 酉未巳
初七癸卯巳正初刻冬至
廿二戊午寅初初刻小寒

十二月小丁 卯丑亥
初六壬申戌正一刻大寒
廿一丁亥未正二刻立春

光緒二十二年丙申

正月小丁 酉未巳
初六壬寅巳正二刻雨水
廿一丁巳巳初初刻驚蟄

二月大丙 寅子戌
初七壬申巳正一刻春分
廿二丁亥未正二刻清明

三月大丙 申午辰
初七壬寅亥正一刻穀雨
廿三戊午辰正三刻立夏

四月小丙 寅子戌
初八癸酉亥正一刻小滿
廿四己丑未初三刻芒種

五月大乙 未巳卯
十一乙巳卯正二刻夏至
廿七辛酉子正三刻小暑

六月小乙 丑亥酉
十二丙子酉初三刻大暑
廿八壬辰巳初初刻立秋

七月小甲 午辰寅
十五戊申子正二刻處暑

八月大癸 亥酉未
初二甲子寅初三刻白露
十六戊寅亥初三刻秋分

九月小癸 巳卯丑
初二甲午寅初三刻寒露
十七己酉卯正二刻霜降

十月大壬 戌申午
初三甲子卯正一刻立冬
十八己卯寅初一刻小雪

十一月小壬 辰寅子
初二癸巳亥正一刻大雪
十七戊申申初三刻冬至

十二月大辛 酉未巳
初三癸亥辰正三刻小寒
十八戊寅丑正初刻大寒

光緒二十三年丁酉

正月小辛	卯丑亥	初二壬辰戌正一刻立春	十七丁未申正一刻雨水
二月大庚	申午辰	初三壬戌未正三刻驚蟄	十八丁丑申正初刻春分
三月大庚	寅子戌	初三壬辰戌正一刻清明	十九戊申寅正一刻穀雨
四月小庚	申午辰	初四癸亥未正二刻立夏	二十己卯寅正初刻小滿
五月大己	丑亥酉	初六甲午戌初二刻芒種	廿二庚戌午正二刻夏至
六月小己	未巳卯	初八丙寅卯正初刻小暑	廿三辛巳夜子二刻大暑
七月大戊	子戌申	初十丁酉申初三刻立秋	廿六癸丑卯正三刻處暑
八月小戊	午辰寅	十一戊辰酉正二刻白露	廿七甲申寅初三刻秋分
九月大丁	亥酉未	十三己亥巳初三刻寒露	廿八甲寅午正一刻霜降
十月小丁	巳卯丑	十三己巳午正一刻立冬	廿八甲申巳初一刻小雪
十一月大丙	戌申午	十四己亥寅初三刻大雪	廿八癸丑亥初三刻冬至
十二月小丙	辰寅子	十三戊辰未正三刻小寒	廿八癸未辰正初刻大寒

光緒二十四年戊戌

月	朔	節氣	中氣
正月大乙	酉未巳	十四戊戌丑正一刻立春	廿八壬子亥正一刻雨水
二月小乙	卯丑亥	十三丁卯戌正二刻驚蟄	廿八壬午亥初三刻春分
三月大甲	申午辰	十五戊戌丑正一刻清明	三十癸丑巳初三刻穀雨
閏三月小甲	寅子戌	十五戊辰戌正二刻立夏	
四月大癸	未巳卯	初二甲申巳初三刻小滿	十八庚子丑初一刻芒種
五月大癸	丑亥酉	初三乙卯酉正一刻夏至	十九辛未午初三刻小暑
六月小癸	未巳卯	初五丁亥卯初一刻大暑	二十壬寅亥初三刻立秋
七月大壬	子戌申	初七戊午午正一刻處暑	廿三甲戌子正一刻白露
八月小壬	午辰寅	初八己丑巳初二刻秋分	廿三甲辰申初二刻寒露
九月大辛	亥酉未	初九己未酉正一刻霜降	廿四甲戌酉初一刻立冬
十月小辛	巳卯丑	初九己丑申初初刻小雪	廿四甲辰巳正初刻大雪
十一月大庚	戌申午	初十己未寅初二刻冬至	廿四癸酉戌正一刻小寒
十二月小庚	辰寅子	初九戊子未初三刻大寒	廿四癸卯辰正初刻立春

光緒二十五年已亥

正月大已 酉未巳
初十戊午寅正初刻雨水
廿五癸酉丑正二刻驚蟄

二月小已 卯丑亥
初十戊子寅初二刻春分
廿五癸卯辰正初刻清明

三月大戊 申午辰
十一戊午申初二刻穀雨
廿七甲戌丑正一刻立夏

四月小戊 寅子戌
十二己丑申初二刻小滿
廿八乙巳辰初初刻芒種

五月大丁 未巳卯
十五辛酉子正初刻夏至
三十丙子酉初三刻小暑

六月小丁 丑亥酉
十六壬辰午初初刻大暑

七月大丙 午辰寅
初三戊申寅初二刻立秋
十八癸亥酉正初刻處暑

八月大丙 子戌申
初四己卯卯正一刻白露
十九甲午申初一刻秋分

九月小丙 午辰寅
初四己酉亥初一刻寒露
二十乙丑子正三刻霜降

十月大乙 亥酉未
初五己卯夜子三刻立冬
二十甲午戌正三刻小雪

十一月大乙 巳卯丑
初五己酉申初三刻大雪
二十甲子巳初二刻冬至

十二月大甲 戌申午
初六己卯丑正一刻小寒
二十癸巳戌初二刻大寒

光緒二十六年庚子

正月小甲 辰寅子
初五戊申未初三刻立春
二十癸亥巳初三刻雨水

二月大癸 酉未巳
初六戊寅辰正一刻驚蟄
廿一癸巳巳初二刻春分

三月小癸 卯丑亥
初六戊申未初三刻清明
廿一癸亥亥初一刻穀雨

四月小壬 申午辰
初八己卯辰正初刻立夏
廿三甲午亥初一刻小滿

五月大辛 丑亥酉
初十庚戌午正三刻芒種
廿六丙寅卯初三刻夏至

六月小辛 未巳卯
十一辛巳夜子二刻小暑
廿七丁酉酉初初刻大暑

七月大庚 子戌申
十四癸丑巳初一刻立秋
廿九戊辰夜子三刻處暑

八月大庚 午辰寅
十五甲申午正初刻白露
三十己亥亥初初刻秋分

閏八月小庚 子戌申
十六乙卯辰初初刻寒露

九月大己 巳卯丑
初二庚午卯初三刻霜降
十七乙酉卯初二刻立冬

十月大己 亥酉未
初二庚子丑正二刻小雪
十六甲寅亥初二刻大雪

十一月小己 巳卯丑
初一己巳申初一刻冬至
十六甲申辰正一刻小寒

十二月大戊 戌申午
初二己亥丑初二刻大寒
十六癸丑戌初三刻立春

光緒二十七年辛丑

正月小戊	辰寅子	初一戊辰申初三刻雨水	十六癸未未正一刻驚蟄
二月大丁	酉未巳	初二戊戌申初一刻春分	十七癸丑戌初二刻清明
三月小丁	卯丑亥	初三己巳辰初一刻穀雨	十八甲申未初三刻立夏
四月小丙	申午辰	初五庚子寅初一刻小滿	二十乙卯酉正三刻芒種
五月大乙	丑亥酉	初七辛未午初三刻夏至	廿三丁亥卯初一刻小暑
六月小乙	未巳卯	初八壬寅亥正三刻大暑	廿四戊午申初初刻立秋
七月大甲	子戌申	十一甲戌卯初三刻處暑	廿六己丑酉初三刻白露
八月小甲	午辰寅	十二乙巳寅初初刻秋分	廿七庚申巳初初刻寒露
九月大癸	亥酉未	十三乙亥午初三刻霜降	廿八庚寅午初一刻立冬
十月大癸	巳卯丑	十三乙巳辰正二刻小雪	廿八庚申寅初二刻大雪
十一月大癸	亥酉未	十二甲戌亥初初刻冬至	廿七己丑未正初刻小寒
十二月小癸	巳卯丑	十二甲辰辰初一刻大寒	廿七己未丑初二刻立春

光緒二十八年壬寅

正月大壬 戌申午
十二癸酉亥初二刻雨水
廿七戊子戌初三刻驚蟄

二月小壬 寅辰子
十二癸卯亥初初刻春分
廿八己未丑初二刻淸明

三月大辛 酉未巳
十四甲戌巳初初刻穀雨
廿九己丑戌初三刻立夏

四月小辛 卯丑亥
十五乙巳巳初初刻小滿

五月小庚 申午辰
初二辛酉子正二刻芒種
十七丙子酉初二刻夏至

六月大己 丑亥酉
初四壬辰午初初刻小暑
二十戊申寅正二刻大暑

七月小己 未巳卯
初五癸亥亥初初刻立秋
廿一己卯午初二刻處暑

八月大戊 子戌申
初七甲午夜子二刻白露
廿三庚戌辰正三刻秋分

九月小戊 午辰寅
初八乙丑未正三刻寒露
廿三庚辰酉初二刻霜降

十月大丁 亥酉未
初九乙未酉初二刻立冬
廿四庚戌未正一刻小雪

十一月大丁 巳丑卯
初九乙丑巳初一刻大雪
廿四庚辰丑正三刻冬至

十二月大丁 亥酉未
初八甲午戌初三刻小寒
廿三己酉未初初刻大寒

光緒二十九年癸卯

正月小丁 巳卯丑 初八甲子辰初一刻立春 廿三己卯寅初一刻雨水

二月大丙 戌申午 初九甲午丑初三刻驚蟄 廿四乙丑寅初一刻春分

三月小丙 辰寅子 初九甲子辰初一刻清明 廿四己卯未正三刻穀雨

四月大乙 酉未巳 十一乙未丑初二刻立夏 廿六庚戌未正三刻小滿

五月小乙 卯丑亥 十一丙寅卯正一刻芒種 廿七辛巳夜子一刻夏至

閏五月小甲 申午辰 十四丁酉申正三刻小暑

六月大癸 丑亥酉 初一癸丑巳正一刻大暑 十七己巳丑正三刻立秋

七月小癸 未巳卯 初二甲申酉初一刻處暑 十八庚子卯初一刻白露

八月小壬 子戌申 初四乙卯未正二刻秋分 十九庚午戌正三刻寒露

九月大辛 巳卯丑 初五乙酉夜子一刻霜降 二十庚子子初一刻立冬

十月大辛 亥酉未 初五乙卯戌正初刻小雪 二十庚午申初三刻大雪

十一月小辛 巳卯丑 初五乙酉辰正三刻冬至 二十庚子丑初三刻小寒

十二月大庚 戌申午 初五甲寅戌初初刻大寒 二十己巳未初初刻立春

光緒三十年甲辰

正月小庚辰寅子
初五甲申巳初一刻雨水
二十己亥辰初二刻驚蟄

二月大丙戌申午
初五甲寅辰正三刻春分
二十己巳未初初刻清明

三月小丙辰寅子
初五甲申戌正二刻穀雨
廿一庚子辰初一刻立夏

四月大乙酉未巳
初七乙卯戌正二刻小滿
廿三辛未午正初刻芒種

五月小己卯丑亥
初九丁亥卯初初刻夏至
廿四壬寅辰正三刻小暑

六月小戊申午辰
十一戊午申正初刻大暑
廿七甲戌辰正二刻立秋

七月大丁丑亥酉
十三己丑夜子初刻處暑
廿九乙巳午初一刻白露

八月小丁未巳卯
十四庚申戌正一刻秋分

九月小丙子戌申
初一丙子丑正一刻寒露
十六辛卯卯初初刻霜降

十月大乙巳卯丑
初一丙午寅正二刻立冬
十七辛酉丑正初刻小雪

十一月大乙亥酉未
初一乙亥亥初初刻大雪
十六庚寅未正二刻冬至

十二月小乙巳卯丑
初一乙巳辰初二刻小寒
十六庚申子正三刻大寒

光緒三十一年乙巳

正月大甲 戌申午
初一甲戌戌初一刻立春
十六己丑申初初刻雨水

二月大甲 辰寅子
初一甲辰未初一刻驚蟄
十六己未未正一刻春分

三月小甲 戌申午
初一甲戌戌初二刻清明
十七庚寅丑正二刻穀雨

四月大癸 卯丑亥
初三乙巳未初初刻立夏
十九辛丑酉正二刻小滿

五月大癸 酉未巳
初四丙子酉正初刻芒種
二十壬辰巳正三刻夏至

六月小癸 卯丑亥
初六戊申寅正初刻小暑
廿一癸亥亥正初刻大暑

七月小壬 申午辰
初八己卯未正一刻立秋
廿四乙未寅正三刻處暑

八月大辛 丑亥酉
初十庚戌酉初初刻白露
廿六丙寅丑正一刻秋分

九月小辛 未巳卯
十一辛巳辰正二刻寒露
廿六丙申午初初刻霜降

十月大庚 午子戌
十二辛亥巳正三刻立冬
廿七丙寅辰初三刻小雪

十一月小庚 申辰寅
十二辛巳丑正三刻大雪
廿六乙未戌正一刻冬至

十二月大己 亥酉未
十二庚戌未初一刻小寒
廿七乙丑卯正二刻大寒

光緒三十二年丙午

正月	小	己	巳卯丑	十二庚辰子正三刻立春	廿六甲午戌正三刻雨水
二月	大	戊	戌申午	十二己酉戌初一刻驚蟄	廿七甲子戌正一刻春分
三月	大	戊	辰寅子	十三庚辰子正一刻清明	廿八乙未辰正三刻穀雨
四月	小	戊	戌申午	十三庚戌酉正三刻立夏	廿九丙寅辰正一刻小滿
閏四月	大	丁	卯丑亥	十五辛巳夜子三刻芒種	
五月	小	丁	酉未巳	初一丁酉申正三刻夏至	十七癸丑巳正一刻小暑
六月	大	丙	寅子戌	初四己巳寅初三刻大暑	十九甲申戌正初刻立秋
七月	小	丙	申午辰	初五庚子巳正三刻處暑	二十乙卯亥正三刻白露
八月	大	乙	丑亥酉	初七辛未辰正初刻秋分	廿二丙戌未正初刻寒露
九月	小	乙	未巳卯	初七辛丑申正三刻霜降	廿二丙辰申正二刻冬至
十月	大	甲	子戌申	初八辛未未初二刻小雪	廿三丙戌辰正二刻大雪
十一月	小	甲	午辰寅	初八辛丑丑正一刻冬至	廿二乙卯戌初一刻小寒
十二月	大	癸	亥酉未	初八庚午午正一刻大寒	廿三乙酉卯正一刻立春

光緒三十三年丁未

正月小癸 巳卯丑 初八庚子丑正一刻雨水 廿三乙卯丑正初刻驚蟄

二月大壬 戌申午 初九庚午丑正一刻春分 廿四乙酉卯正二刻清明

三月小壬 辰寅子 初九庚子未正初刻穀雨 廿五丙辰子正三刻立夏

四月大辛 酉未巳 十一辛未未正初刻小滿 廿七丁亥卯初二刻芒種

五月小辛 卯丑亥 十二壬寅亥正二刻夏至 廿八戊午申正初刻小暑

六月大庚 申午辰 十五甲戌巳初二刻大暑

七月大庚 寅子戌 初一庚寅丑正初刻立秋 十六乙巳申正二刻處暑

八月小庚 申午辰 初二辛酉寅正二刻白露 十七丙子未初三刻秋分

九月大己 丑亥酉 初三辛卯戌初三刻寒露 十八丙午亥正三刻霜降

十月小己 未巳卯 初三辛酉亥正一刻立冬 十八丙子戌初二刻小雪

十一月大戊 子戌申 初四辛卯未正二刻大雪 十九丙午辰正初刻冬至

十二月小戊 午辰寅 初四辛酉亥初一刻小寒 十八乙亥酉正一刻大寒

光緒三十四年戊申

正月	大	丁	亥酉未	初四庚寅午正二刻立春	十九乙巳辰正二刻雨水
二月	小	丁	巳卯丑	初四庚申卯正三刻驚蟄	十九乙亥辰正初刻春分
三月	小	丙	戌申午	初五庚寅午正一刻清明	二十乙巳戌初三刻穀雨
四月	大	乙	卯丑亥	初七辛酉卯正二刻立夏	廿二丙子戌正三刻小滿
五月	大	乙	酉未巳	初八壬辰午初一刻芒種	廿四戊申寅正一刻夏至
六月	小	乙	卯丑亥	初九癸亥亥初三刻小暑	廿五巳卯申初一刻大暑
七月	大	甲	申午辰	十二乙未辰初三刻立秋	廿七庚戌亥正一刻處暑
八月	小	甲	寅子戌	十三丙寅巳正二刻白露	廿八辛巳戌初一刻秋分
九月	大	癸	未巳卯	十五丁卯丑初二刻寒露	三十壬子寅正二刻霜降
十月	大	癸	丑亥酉	十五丁卯寅正初刻立冬	三十壬午丑初初刻小雪
十一月	小	癸	未巳午	十四丙申戌正一刻大雪	廿九辛亥未初三刻冬至
十二月	大	壬	子戌申	十五丙寅卯正三刻小寒	三十辛巳子正初刻大寒

宣統元年己酉

正月小壬 寅辰午
十四乙未酉正一刻立春
廿九庚戌未正一刻雨水

二月大辛 未酉亥
十五乙丑午正三刻驚蟄
三十庚辰未初三刻春分

閏二月小辛 丑卯巳
十五乙未酉正一刻淸明

三月小庚 午申戌
初二辛亥丑初三刻穀雨
十七丙寅午正一刻立夏

四月大己 亥丑卯
初四壬午戌初二刻小滿
十九丁酉酉初初刻芒種

五月小己 巳未酉
初五癸丑巳正初刻夏至
廿一己巳寅初三刻小暑

六月大戊 戌子寅
初七甲申亥初一刻大暑
廿三庚子未初二刻立秋

七月小戊 辰午申
初九丙辰寅正一刻處暑
廿四辛未申正一刻白露

八月大丁 酉亥丑
十一丁亥丑初二刻秋分
廿六壬寅辰初二刻寒露

九月大丁 卯巳未
十一丁巳巳正一刻霜降
廿六壬申巳正初刻立冬

十月大丁 酉亥丑
十一丁亥辰初初刻小雪
廿六壬寅丑正初刻大雪

十一月小丁 卯巳未
初十丙辰戌初三刻冬至
廿五辛未午正三刻小寒

十二月大丙 申戌子
十一丙戌卯初三刻大寒
廿六辛丑子正初刻立春

宣統二年庚戌

正月	小	丙	午辰寅	初十乙卯戌正初刻雨水	廿五庚午酉正二刻驚蟄
二月	大	乙	亥酉未	十一乙酉戌正初刻春分	廿七辛丑子正初刻清明
三月	小	乙	巳卯丑	十二丙辰辰初二刻穀雨	廿七辛未酉正初刻立夏
四月	小	甲	戌申午	十四丁亥辰初二刻小滿	廿九壬寅夜子初刻芒種
五月	大	癸	卯丑亥	十六戊午申初三刻夏至	
六月	小	癸	酉未巳	初二甲戌巳初二刻小暑	十八庚寅寅初初刻大暑
七月	大	壬	寅子戌	初四乙巳戌初一刻立秋	二十辛酉巳正初刻處暑
八月	小	壬	申午辰	初五丙子亥正初刻白露	廿一壬辰辰初一刻秋分
九月	大	辛	丑亥酉	初七丁未未初一刻寒露	廿二壬戌申正初刻霜降
十月	大	辛	未巳卯	初七丁丑申初三刻立冬	廿二壬辰丑初二刻小雪
十一月	大	辛	丑亥酉	初七丁未辰正初刻大雪	廿二壬戌丑初二刻冬至
十二月	小	辛	未巳卯	初六丙子酉正二刻小寒	廿一辛卯午初三刻大寒

宣統三年辛亥

正月大庚 子戌申
初七丙午卯正初刻立春
廿二辛酉丑正初刻雨水

二月小庚 午辰寅
初七丙子亥正初刻驚蟄
廿二辛卯丑正初刻春分

三月大己 亥酉未
初八丙午卯初一刻清明
廿三辛酉未初一刻穀雨

四月小己 巳卯丑
初九丁丑子正一刻立夏
廿四壬辰未初一刻小滿

五月小戊 戌申午
十一戊申寅正三刻芒種
廿六癸亥亥初三刻夏至

六月大丁 卯丑亥
十三己卯申初一刻小暑
廿九乙未辰正三刻大暑

閏六月小丁 酉未巳
十五辛亥丑初初刻立秋

七月小丙 寅子戌
初一丙寅申初三刻處暑
十七壬午寅初三刻白露

八月大乙 未巳卯
初三丁酉未初初刻秋分
十八壬子戌初初刻寒露

九月大乙 丑亥酉
初三丁卯亥初三刻霜降
十八壬午亥初二刻立冬

十月小乙 未巳卯
初三丁酉酉正三刻小雪
十八壬子未初三刻大雪

十一月大甲 子戌申
初四丁卯辰初一刻冬至
十九壬午子正一刻小寒

十二月大甲 午辰寅
初三丙申酉初二刻大寒
十八辛亥午初三刻立春

民國元年壬子

正月大甲子戌申
初三丙寅辰初三刻雨水
十八辛巳卯正初刻驚蟄

二月小甲午辰寅
初三丙申辰初三刻春分
十八辛丑午初二刻清明

三月大癸亥酉未
初四丙寅戌初初刻穀雨
二十壬午卯初三刻立夏

四月小癸巳卯丑
初五丁酉戌初初刻小滿
廿一癸丑巳正二刻芒種

五月小壬戌申午
初八己巳寅初二刻夏至
廿三甲申亥初初刻小暑

六月大辛卯丑亥
初十庚子未正二刻大暑
廿六丙辰辰初初刻立秋

七月小辛酉未巳
十一辛未亥初二刻處暑
廿七丁亥巳初三刻白露

八月小庚寅子戌
十三壬寅酉正三刻秋分
廿九戊午丑初初刻寒露

九月大己未巳卯
十五癸酉寅初三刻霜降
三十戊子寅初二刻立冬

十月大己丑亥酉
十五癸卯子正二刻小雪
廿九丁巳戌初二刻大雪

十一月小己未巳卯
十四壬申未初一刻冬至
廿九丁亥酉正初刻小寒

十二月大戊子戌申
十四辛丑夜子一刻大寒
廿九丙辰酉初二刻立春

民國二年癸丑

正月大戊 午辰寅
十四辛未未初二刻雨水
廿九丙戌午正初刻驚蟄

二月大戊 子戌申
十四辛丑未初初刻春分
廿九丙辰酉初二刻清明

三月小戊 午辰寅
十五壬申丑初初刻穀雨

四月大丁 亥酉未
初一丁亥午初二刻立夏
十七癸卯子正三刻小滿

五月小丁 巳卯丑
初二戊午申正一刻芒種
十八甲戌巳初一刻夏至

六月小丙 戌申午
初五庚寅寅初初刻小暑
二十乙巳戌正初刻大暑

七月大乙 卯丑亥
初七辛酉午正三刻立秋
廿三丁丑寅初一刻處暑

八月小乙 酉未巳
初八壬辰申初二刻白露
廿四戊申子正三刻秋分

九月小甲 寅子戌
初十癸亥卯正三刻寒露
廿五戊寅巳初一刻霜降

十月大癸 未巳卯
十一癸巳巳初一刻立冬
廿六戊申卯正一刻小雪

十一月小癸 丑亥酉
十一癸亥丑初一刻大雪
廿五丁丑戌初初刻冬至

十二月大壬 午辰寅
十一壬辰午正初刻小寒
廿六丁未卯初一刻大寒

民國三年甲寅

正月大壬 子戌申
初十辛酉夜子二刻立春
廿五丙子戌初二刻雨水

二月大壬 午辰寅
初十辛卯酉初三刻驚蟄
廿五丙午戌初一刻春分

三月小壬 子戌申
初十辛酉夜子初刻清明
廿六丁丑卯正三刻穀雨

四月大辛 巳卯丑
十二壬辰酉初一刻立夏
廿八戊申卯正三刻小滿

五月小辛 亥酉未
十三癸亥亥正初刻芒種
廿九巳卯申初初刻夏至

閏五月大庚 辰寅子
十六乙未辰正三刻小暑

六月小庚 戌申午
初二辛亥丑正一刻大暑
十七丙寅酉正二刻立秋

七月大巳 卯丑亥
初四壬午巳初一刻處暑
十九丁酉亥初一刻白露

八月小巳 酉未巳
初五癸丑卯正初刻秋分
二十戊辰午正二刻寒露

九月小戊 寅子戌
初六癸未申初一刻霜降
廿一戊戌申初初刻立冬

十月小戊 申午辰
初六癸丑午正一刻小雪
廿一戊辰辰初一刻大雪

十一月小丁 丑亥酉
初七癸未子正三刻冬至
廿一丁酉酉初三刻小寒

十二月大丙 午辰寅
初七壬子午初初刻大寒
廿二丁卯卯初一刻立春

民國四年乙卯

正月大丙　子戌申
初七壬午丑初一刻雨水
廿一丙申夜子初二刻驚蟄

二月大丙　午辰寅
初七壬子子正三刻春分
廿二丁卯卯初初刻清明

三月小丙　子戌申
初八壬午午正二刻穀雨
廿三丁酉夜子一刻立夏

四月大乙　巳卯丑
初九癸丑午正二刻小滿
廿五己巳寅正初刻芒種

五月小乙　亥酉未
初十甲申戌正三刻夏至
廿六庚子未正二刻小暑

六月大甲　辰寅子
十三丙辰辰正初刻大暑
廿九壬申子正一刻立秋

七月小甲　戌申午
十四丁亥申初初刻處暑

八月大癸　卯丑亥
初一癸卯寅初初刻白露
十六戊午午正一刻秋分

九月小癸　酉未巳
初一癸酉酉正初刻寒露
十六戊子亥初一刻霜降

十月大壬　寅子戌
初二癸卯亥初初刻立冬
十七戊午酉正初刻小雪

十一月小壬　申午辰
初二癸酉未初初刻大雪
十七戊子卯正三刻冬至

十二月大辛　丑亥酉
初二壬寅夜子二刻小寒
十七丁巳申正三刻大寒

民國五年丙辰

正月大庚 午辰寅
初三壬申午初初刻立春
十八丁亥辰初初刻雨水

二月大庚 子戌申
初三壬寅卯初一刻驚蟄
十八丁巳卯正二刻春分

三月小庚 午辰寅
初三壬申巳正三刻清明
十八丁亥酉正一刻穀雨

四月大己 亥酉未
初五癸卯卯初初刻立夏
二十戊午酉正一刻小滿

五月小己 巳卯丑
初六甲戌巳初三刻芒種
廿二庚寅戌正三刻夏至

六月大戊 戌申午
初八乙巳戌正一刻小暑
廿四辛酉未初三刻大暑

七月大戊 辰寅子
初十丁丑卯正一刻立秋
廿五壬辰戌正三刻處暑

八月小戊 戌申午
十一戊申巳初一刻白露
廿六癸亥酉正一刻秋分

九月大丁 卯丑亥
十三己卯子正一刻寒露
廿八甲午寅初初刻霜降

十月小丁 酉未巳
十三己酉丑正三刻立冬
廿七癸亥夜子正三刻小雪

十一月大丙 寅子戌
十三戊寅酉正三刻大雪
廿八癸巳午正三刻冬至

十二月小丙 申午辰
十三戊申卯初二刻小寒
廿七壬戌亥正三刻大寒

民國六年丁巳

正月大乙 丑亥酉
十三丁丑寅初初刻立春
廿八壬辰午正三刻雨水

二月小乙 未巳卯
十三丁未午初一刻驚蟄
廿八壬戌午正一刻春分

閏二月小甲 子戌申
十四丁丑申正三刻清明

三月大癸 巳卯丑
初一癸巳子正一刻穀雨
十六戊申巳正三刻立夏

四月小癸 亥酉未
初二甲子子正初刻小滿
十七己卯申初二刻芒種

五月大壬 辰寅子
初四乙未辰正二刻夏至
二十辛亥丑正初刻小暑

六月大壬 戌申午
初五丙寅戌初二刻大暑
廿一壬午午正初刻立秋

七月小壬 辰寅子
初七戊戌丑正二刻處暑
廿二癸丑未正一刻白露

八月大辛 酉未巳
初九己巳子正三刻秋分
廿四甲申卯正初刻寒露

九月大辛 卯丑亥
初九己亥辰正三刻霜降
廿四甲寅辰正一刻立冬

十月小辛 酉未巳
初九己巳卯初三刻小雪
廿四甲申子正三刻大雪

十一月大庚 寅子戌
初九戊戌酉正一刻冬至
廿四癸丑午初一刻小寒

十二月小庚 申午辰
初九戊辰寅正三刻大寒
廿三壬午亥正一刻立春

民國七年戊午

正月大	巳丑亥酉	初九丁酉酉正三刻雨水	廿四壬子酉初三刻驚蟄
二月小	巳未巳卯	初九丁卯酉正一刻春分	廿四壬午亥正二刻清明
三月小	戊子戌申	十一戊戌卯正初刻穀雨	廿三癸丑申正三刻立夏
四月大	丁巳卯丑	十三巳巳卯初三刻小滿	廿八甲申亥初一刻芒種
五月小	丁亥酉未	十四庚子未正一刻夏至	
六月大	丙辰寅子	初一丙辰辰正初刻小暑	十七壬申丑初一刻大暑
七月小	丙戌申午	初二丁亥酉初三刻立秋	十八癸卯辰正一刻處暑
八月大	乙卯丑亥	初四戊午戌正二刻白露	二十甲戌卯初三刻秋分
九月大	乙酉未巳	初五巳丑午初三刻寒露	二十甲辰未正二刻霜降
十月小	乙卯丑亥	初五巳未未正一刻立冬	二十甲戌午初二刻小雪
十一月大	甲申午辰	初六巳丑卯正二刻大雪	廿一甲辰子正初刻冬至
十二月大	甲寅子戌	初五戊午酉初初刻小寒	二十癸酉巳正一刻大寒

民國八年己未

正月小甲 申午辰
初五戊子寅正二刻立春
二十癸卯子正二刻雨水

二月大癸 丑亥酉
初五丁巳亥正二刻驚蟄
廿一癸酉子正初刻春分

三月小癸 未巳卯
初六戊子寅正二刻清明
廿一癸卯午初三刻穀雨

四月小壬 子戌申
初七戊午亥正一刻立夏
廿三甲戌午初三刻小滿

五月大辛 巳卯丑
初十庚寅寅初一刻芒種
廿五乙巳戌正初刻夏至

六月小辛 亥酉未
十一辛酉未初三刻小暑
廿七丁丑辰初一刻大暑

七月小庚 辰寅子
十三壬辰子正二刻立秋
廿九戊申未正一刻處暑

閏七月大己 酉未巳
十六甲子丑正一刻白露

八月大己 卯丑亥
初一己卯午初一刻秋分
十六甲午酉初二刻寒露

九月小己 酉未巳
初一己酉戌正二刻霜降
十六甲子戌正一刻立冬

十月大戊 寅子戌
初二己卯酉初一刻小雪
十七甲午午正一刻大雪

十一月大戊 申午辰
初二己酉卯正初刻冬至
十六癸亥甲子初刻小寒

十二月大戊 寅子戌
初一戊寅申正一刻大寒
十六癸巳巳正一刻立春

民國九年庚申

正月小戊申午辰
初一戊申卯正一刻雨水
十六癸亥寅正三刻驚蟄

二月大丁丑亥酉
初二戊寅卯初三刻春分
十七癸巳巳正初刻清明

三月小丁未巳卯
初二戊申酉初二刻穀雨
十八甲子寅正一刻立夏

四月小丙子戌申
初四己卯酉初二刻小滿
二十乙未巳初初刻芒種

五月大乙巳卯丑
初七辛亥酉初三刻夏至
廿二丙寅戌初二刻小暑

六月小乙亥酉未
初八壬午未初初刻大暑
廿四戊戌卯初一刻立秋

七月小甲辰寅子
初十癸丑戌正一刻處暑
廿六己巳辰正初刻白露

八月大癸酉未巳
十二甲申酉初二刻秋分
廿七己亥夜子二刻寒露

九月大癸卯丑亥
十三乙卯丑正一刻霜降
廿八庚午丑正初刻立冬

十月小癸酉未巳
十二甲申夜子一刻小雪
廿七己亥酉正一刻大雪

十一月大壬寅子戌
十三甲寅午初三刻冬至
廿八己巳寅正三刻小寒

十二月大壬申午辰
十二癸未申正初刻大寒
廿七戊戌申正一刻立春

民國十年辛酉

正月大壬寅子戌
十二癸丑午正一刻雨水
廿七戊辰巳正二刻驚蟄

二月小壬申午辰
十二癸未午初三刻春分
廿七戊戌申正初刻淸明

三月大辛丑亥酉
十三癸丑夜子初刻穀雨
廿九己巳巳正初刻立夏

四月小辛未巳卯
十四甲申夜子一刻小滿

五月小庚子戌申
初一庚子未正三刻芒種
十七丙辰辰初三刻夏至

六月大己巳卯丑
初四壬申丑初一刻小暑
十九丁亥酉正三刻大暑

七月小己亥酉未
初五癸卯午初一刻立秋
廿一己未丑初三刻處暑

八月小戊辰寅子
初七甲戌未正初刻白露
廿二己丑夜子一刻秋分

九月大丁酉未巳
初九乙巳卯初一刻寒露
廿四庚申辰正初刻霜降

十月小丁卯丑亥
初九乙亥辰初三刻立冬
廿四庚寅卯初初刻小雪

十一月大丙申午辰
初十乙巳子正初刻大雪
廿四己未酉初二刻冬至

十二月大丙寅子戌
初九甲戌巳正二刻小寒
廿四己丑寅初三刻大寒

民國十一年壬戌

正月大丙 申午辰
初八癸卯亥正初刻立春
廿三戊午酉正初刻雨水

二月小丙 寅子戌
初八癸酉卯正一刻驚蟄
廿三戊子酉初二刻春分

三月大乙 未巳卯
初九癸亥卯初三刻清明
廿五己卯未初二刻穀雨

四月大乙 丑亥酉
初十甲戌申初三刻立夏
廿六庚寅卯初初刻小滿

五月小乙 未巳卯
十一乙巳戌正二刻芒種
廿七辛酉未初二刻夏至

閏五月小甲 子戌申
十四丁丑辰初初刻小暑

六月大癸 巳卯丑
初一癸巳子正三刻大暑
十六戊申酉初三刻立秋

七月小癸 亥酉未
初二甲子辰初三刻處暑
十七己卯戌初三刻白露

八月小戊 辰寅子
初四乙未卯初初刻秋分
十九庚戌午初初刻寒露

九月大辛 酉未巳
初五乙丑未正初刻霜降
二十庚辰未初三刻立冬

十月小辛 卯丑亥
初五乙未巳正三刻小雪
二十庚戌卯初三刻大雪

十一月大庚 申午辰
初五甲子夜子二刻冬至
二十己卯申正二刻小寒

十二月大庚 寅子戌
初五甲午巳初三刻大寒
二十己酉寅初三刻立春

民國十二年癸亥

正月小庚 申午辰 初四癸亥夜子三刻雨水 十九戊寅亥正初刻驚蟄

二月大己 丑亥酉 初五癸巳夜子一刻春分 廿一己酉寅初二刻清明

三月小己 未巳卯 初六甲子午初初刻穀雨 廿一己卯亥初二刻立夏

四月小己 丑酉亥 初七乙未午初初刻小滿 廿三辛亥丑正一刻芒種

五月大戊 午辰寅 初九丙寅戌初一刻夏至 廿五壬午未初初刻小暑

六月小戊 子戌申 十一戊戌卯正一刻大暑 廿六癸丑亥正三刻立秋

七月大丁 巳卯丑 十三己巳未正初刻處暑 廿九乙酉丑初二刻白露

八月小丁 亥酉未 十四庚子巳正三刻秋分 廿九乙卯酉初初刻寒露

九月大丙 辰寅子 十五壬午戌初三刻霜降 三十乙酉戌初二刻立冬

十月小丙 戌申午 十五庚子申正三刻小雪

十一月小乙 卯丑亥 初一己卯午初三刻大雪 十六庚午卯初一刻冬至

十二月大甲 申午辰 初一甲申亥正一刻小寒 十六己亥申初二刻大寒

民國十三年甲子

月	朔日干	初一、十一、廿一日支	節	氣
正月小	甲	寅子戌	初一甲寅巳初三刻立春	十六己巳卯初三刻雨水
二月大	癸	未巳卯	初二甲申寅正初刻驚蟄	十七己亥卯初初刻春分
三月大	癸	丑亥酉	初二甲寅巳初一刻清明	十七己巳申正三刻穀雨
四月小	癸	未巳卯	初三乙酉寅初三刻立夏	十八庚子申正三刻小滿
五月大	壬	子戌申	初五丙辰辰正二刻芒種	廿一壬申丑初初刻夏至
六月大	壬	午辰寅	初六癸亥酉正三刻小暑	廿二癸卯午正一刻大暑
七月小	壬	子戌申	初八己未寅正二刻立秋	廿三甲戌戌初一刻處暑
八月大	辛	巳卯丑	初十庚寅辰初一刻白露	廿五乙巳申正三刻秋分
九月小	辛	亥酉未	初十庚申亥正三刻寒露	廿六丙子丑初二刻霜降
十月大	庚	辰寅子	十二辛卯丑初一刻立冬	廿六乙巳亥正二刻小雪
十一月大	庚	戌申午	十一庚申申正二刻大雪	廿六乙亥午初初刻冬至
十二月小	庚	辰寅子	十一庚寅寅正初刻小寒	廿五甲辰亥初一刻大寒

民國十四年乙丑

正月大己　酉未巳
十一己未申初二刻立春
廿六甲戌午初二刻雨水

二月小己　卯丑亥
十一己丑巳初三刻驚蟄
廿六甲辰午正初刻春分

三月大戊　申午辰
十二己未申初一刻淸明
廿七甲戌亥正三刻穀雨

四月小戊　寅子戌
十三庚寅巳初一刻立夏
廿八乙巳亥正二刻小滿

閏四月大丁　未巳卯
十五辛酉未正初刻芒種

五月大丁　丑亥酉
初一丁丑卯正初刻夏至
十七癸巳子正二刻小暑

六月小丁　未巳卯
初二戊申酉正初刻大暑
十八甲子巳正一刻立秋

七月大丙　子戌申
初五庚辰丑初初刻處暑
二十乙未未初一刻白露

八月小丙　午辰寅
初五庚戌亥初二刻秋分
廿一丙寅寅正二刻寒露

九月大乙　亥酉未
初七辛巳辰初一刻霜降
廿二丙申辰初一刻立冬

十月小乙　巳卯丑
初七辛亥寅正一刻小雪
廿一乙丑夜子初刻大雪

十一月小甲　戌申午
初七庚辰酉初初刻冬至
廿二乙未巳正初刻小寒

十二月大癸　卯丑亥
初八庚戌寅初初刻大寒
廿二甲子亥初一刻立春

民國十五年丙寅

正月小癸	酉未巳	初七巳卯酉初一刻雨水	廿二甲午申初二刻驚蟄
二月小壬	寅子戌	初八己酉申正三刻春分	廿三甲子亥初初刻淸明
三月大辛	未巳卯	初十庚寅辰正三刻穀雨	廿五乙未申初初刻立夏
四月小辛	丑亥酉	十一辛亥寅正一刻小滿	廿六丙寅戌初三刻芒種
五月大庚	午辰寅	十三壬午午正三刻夏至	廿九戊戌卯正初刻小暑
六月小庚	子戌申	十四癸丑夜子初刻大暑	
七月大己	巳卯丑	初一己巳申正一刻立秋	十七乙酉卯正三刻處暑
八月大己	亥酉未	初二庚子戌初初刻白露	十八丙辰寅正一刻秋分
九月小己	巳卯丑	初三辛未巳正一刻寒露	十八丙戌未初一刻霜降
十月大戊	戌申午	初四辛丑未初初刻立冬	十九丙辰巳正初刻小雪
十一月大戊	辰寅子	初四辛未卯初一刻大雪	十八乙酉亥正三刻冬至
十二月小戊	戌午申	初三庚子申初三刻小寒	十八乙卯巳初一刻大寒

民國十六年丁卯

正月大丁　卯丑亥
初四庚子寅初一刻立春
十八甲申夜子初刻穀雨

二月小丁　酉未巳
初三己亥亥初二刻驚蟄
十八甲寅亥正二刻春分

三月小丙　寅子戌
初五庚午丑正三刻清明
二十乙酉巳正一刻穀雨

四月大乙　未巳卯
初六庚子戌正三刻立夏
廿二丙辰巳正初刻小滿

五月小乙　丑亥酉
初八壬申丑初二刻芒種
廿三丁亥戌初初刻夏至

六月大甲　午辰寅
初十癸亥午正初刻小暑
廿六己未卯初二刻大暑

七月小甲　子戌申
十一甲戌亥正初刻立秋
廿七庚寅午正二刻處暑

八月大癸　巳卯丑
十四丙午子正三刻白露
廿九辛酉巳正一刻秋分

九月小癸　亥酉未
十四丙子申正初刻寒露
三十辛卯戌初初刻霜降

十月大壬　辰寅子
十五丙午酉正三刻立冬
三十辛酉申初二刻小雪

十一月大壬　戌申午
十五丙子午初初刻大雪
三十辛卯寅正二刻冬至

十二月大壬　辰寅子
十四乙巳亥初二刻小寒
廿九庚申未正三刻大寒

民國十七年戊辰

正月小壬 戌申午
十四巳亥巳初初刻立春
廿九庚寅卯初初刻雨水

二月大辛 卯丑亥
十五乙巳寅初一刻驚蟄
三十庚寅辰一正刻春分

閏二月小辛 酉未巳
十五乙亥辰正三刻清明

三月小庚 寅子戌
初一庚寅申正初刻穀雨
十七丙午丑正三刻立夏

四月大己 未巳卯
初三辛酉申正初刻小滿
十九丁丑辰初二刻芒種

五月小己 丑亥酉
初五癸巳子正一刻夏至
二十戊申酉正初刻小暑

六月小戊 午辰寅
初七甲子午初一刻大暑
廿三庚辰寅初三刻立秋

七月大丁 亥酉未
初九乙未酉正二刻處暑
廿五辛亥卯正二刻白露

八月小丁 巳亥丑
初十丙寅申初三刻秋分
廿五辛巳亥正初刻寒露

九月大丙 戌申午
十二丁酉子正三刻霜降
廿七壬子子正二刻立冬

十月大丙 辰寅子
十一丙寅亥初三刻小雪
廿五庚辰申正三刻大雪

十一月大丙 戌申午
十一丙申巳正二刻冬至
廿六辛亥酉初二刻小寒

十二月大丙 辰寅子
初十乙丑戌正二刻大寒
廿五丙寅辰正三刻立春

民國十八年巳巳

正月小丙 戌申午
初十乙未巳正三刻雨水
廿五庚戌巳初初刻驚蟄

二月大乙 卯丑亥
十一乙丑巳正一刻春分
廿六庚辰未正一刻清明

三月小乙 酉未巳
十一乙未亥正初刻穀雨
廿六庚辰未正二刻立夏

四月小甲 寅子戌
十三丙寅亥正一刻小滿
廿五壬午未初三刻芒種

五月大癸 未巳卯
初九戊戌卯正初刻夏至

六月小癸 丑亥酉
初一癸丑夜子初刻小暑
十七巳巳酉初一刻大暑

七月小壬 午辰寅
初四乙酉巳初二刻立秋
二十辛丑子正一刻處暑

八月大辛 亥酉未
初六丙辰午正一刻白露
廿一辛未亥初二刻秋分

九月小辛 巳卯丑
初七丁亥寅初三刻寒露
廿二壬寅卯正三刻霜降

十月大庚 戌申午
初八丁巳卯正二刻立冬
廿三壬申寅初二刻小雪

十一月大庚 辰寅子
初七丙戌亥正二刻大雪
廿二辛丑申正一刻冬至

十二月大庚 戌申午
初七丙辰巳初一刻小寒
廿二辛未丑正二刻大寒

民國十九年庚午

正月小庚 辰寅子
初六乙酉戌正三刻立春
廿一庚子申正二刻雨水

二月大己 酉未巳
初七乙卯申正初刻驚蟄
廿二庚午申正初刻春分

三月大己 卯丑亥
初七乙酉戌正一刻清明
廿三辛酉寅初二刻穀雨

四月小己 酉未巳
初八丙寅未初一刻立夏
廿四壬申寅正三刻小滿

五月小戊 寅子戌
十一己丑子正一刻芒種
廿六癸卯午正初刻夏至

六月大丁 未巳卯
十三己未卯初二刻小暑
廿八甲戌夜子初刻大暑

閏六月大丁 丑亥酉
十四庚寅申初一刻立秋

七月小丙 午辰寅
初一丙午卯正初刻處暑
十六辛酉酉正一刻白露

八月大乙 亥酉未
初三丁丑寅正二刻秋分
十八壬辰巳初二刻寒露

九月小乙 巳卯丑
初三丁未午正二刻霜降
十八壬戌午正一刻立冬

十月大甲 戌申午
初四丁丑巳初二刻小雪
十九壬辰寅正一刻大雪

十一月大甲 辰寅子
初三丙午亥正初刻冬至
十八辛酉申初初刻小寒

十二月小甲 戌申午
初三丙子辰正一刻大寒
十八辛卯丑正二刻立春

民國二十年辛未

正月大癸卯丑亥 初三乙巳亥正二刻雨水 十八庚申戌正三刻驚蟄

二月大癸酉未巳 初二乙亥亥初二刻春分 十七辛卯辰正初刻清明

三月小癸卯丑亥 初四丙午巳初二刻穀雨 十九辛酉戌正初刻立夏

四月大壬申午辰 初六丁丑巳初一刻小滿 廿一壬辰午初一刻芒種

五月小壬寅子戌 初七戊申酉初三刻夏至 廿三甲子子初一刻小暑

六月大辛未巳卯 初十庚辰寅正三刻大暑 廿五乙未亥初一刻立秋

七月小辛丑亥酉 十一辛亥午正初刻處暑 廿七丁卯子初三刻白露

八月小庚午辰寅 十三壬午巳正一刻秋分 廿八丁酉申初二刻寒露

九月大己亥酉未 十四壬子酉正一刻霜降 廿九丁卯酉正初刻立冬

十月小己巳卯丑 十四壬午申初一刻小雪 廿九丁酉巳正一刻大雪

十一月大戊戌申午 十五壬子寅正初刻冬至 廿九丙寅亥初初刻小寒

十二月小戊辰寅子 十四辛巳未正初刻大寒 廿九丙申辰正一刻立春

中華民國[illegible]四年八月出版

（子平真詮 [illegible]星命錄 附萬年書 合一冊）

定價大洋九角

編輯者　山陰沈孝瞻

校訂者　隴西山人

印刷者　上海世界圖書館

發行者　上海世界圖書館

分發行所　各省大書局

總發行所　上海世界圖書館

占筮類			
1	擲地金聲搜精秘訣	心一堂編	沈氏研易樓藏稀見易占秘鈔本
2	卜易拆字秘傳百日通	心一堂編	
3	易占陽宅六十四卦秘斷	心一堂編	火珠林占陽宅風水秘鈔本
星命類			
4	斗數宣微	【民國】王裁珊	民初最重要斗數著述之一；未刪改本
5	斗數觀測錄	【民國】王裁珊	失傳民初斗數重要著作
6	《地星會源》《斗數綱要》合刊	心一堂編	失傳的第三種飛星斗數
7	《斗數秘鈔》《紫微斗數之捷徑》合刊	心一堂編	珍稀「紫微斗數」舊鈔秘本
8	斗數演例	心一堂編	
9	紫微斗數全書（清初刻原本）	題【宋】陳希夷	斗數全書本來面目；有別於錯誤極多的坊本
10-12	鐵板神數（清刻足本）——附秘鈔密碼表	題【宋】邵雍	無錯漏原版　秘鈔密碼表　首次公開！
13-15	蠢子數纏度	題【宋】邵雍	蠢子數連密碼表　打破數百年秘傳　首次公開！
16-19	皇極數	題【宋】邵雍	清鈔孤本附起例及完整密碼表　研究神數必讀！
20-21	邵夫子先天神數	題【宋】邵雍	附手鈔密碼表　研究神數必讀！
22	八刻分經定數（密碼表）	題【宋】邵雍	皇極數另一版本；附手鈔密碼表
23	新命理探原	【民國】袁樹珊	子平命理必讀教科書！
24-25	袁氏命譜	【民國】袁樹珊	
26	韋氏命學講義	【民國】韋千里	民初二大命理家南袁北韋
27	千里命稿	【民國】韋千里	
28	精選命理約言	【民國】韋千里	北韋之命理經典
29	滴天髓闡微——附李雨田命理初學捷徑	【民國】袁樹珊、李雨田	命理經典未刪改足本
30	段氏白話命學綱要	【民國】段方	民初命理經典最淺白易懂
31	命理用神精華	【民國】王心田	學命理者之寶鏡

32	命學探驪集	【民國】張巢雲	發前人所未發 稀見民初子平命理著作
33	澹園命談	【民國】高澹園	
34	算命一讀通──鴻福齊天	【民國】不空居士、覺先居士合纂	
35	子平玄理	【民國】施惕君	
36	星命風水秘傳百日通	心一堂編	
37	命理大四字金前定	題【晉】鬼谷子王詡	源自元代算命術
38	命理斷語義理源深	心一堂編	稀見清代批命斷語及活套
39-40	文武星案	【明】陸位	失傳四百年《張果星宗》姊妹篇 千多星盤命例　研究命學必備
相術類			
41	新相人學講義	【民國】楊叔和	失傳民初白話文相術書
42	手相學淺說	【民國】黃龍	民初中西結合手相學經典
43	大清相法	心一堂編	重現失傳經典相書
44	相法易知	心一堂編	
45	相法秘傳百日通	心一堂編	
堪輿類			
46	靈城精義箋	【清】沈竹礽	沈氏玄空遺珍 玄空風水必讀
47	地理辨正抉要	【清】沈竹礽	
48	《玄空古義四種通釋》《地理疑義答問》合刊	沈瓞民	
49	《沈氏玄空吹虀室雜存》《玄空捷訣》合刊	【民國】申聽禪	
50	漢鏡齋堪輿小識	【民國】查國珍、沈瓞民	
51	堪輿一覽	【清】孫竹田	失傳已久的無常派玄空經典
52	章仲山挨星秘訣（修定版）	【清】章仲山	章仲山無常派玄空珍秘 門內秘本首次公開 沈竹礽等大師尋覓一生末得之珍本！
53	臨穴指南	【清】章仲山	
54	章仲山宅案附無常派玄空秘要	心一堂編	
55	地理辨正補	【清】朱小鶴	玄空六派蘇州派代表作
56	陽宅覺元氏新書	【清】元祝垚	簡易・有效・神驗之玄空陽宅法
57	地學鐵骨秘　附　吳師青藏命理大易數	【民國】吳師青	釋玄空廣東派地學之秘
58-61	四秘全書十二種（清刻原本）	【清】尹一勺	玄空湘楚派經典本來面目 有別於錯誤極多的坊本

心一堂術數古籍珍本叢刊　第一輯書目

62	地理辨正補註 附 元空秘旨 天元五歌 玄空精髓 心法秘訣等數種合刊	【民國】胡仲言	貫通易理、巒頭、三元、三合、天星、中醫
63	地理辨正自解	【清】李思白	公開玄空家「分率尺、工部尺、量天尺」之秘
64	許氏地理辨正釋義	【民國】許錦灝	民國易學名家黃元炳力薦
65	地理辨正天玉經內傳要訣圖解	【清】程懷榮	秘訣一語道破，圖文并茂
66	謝氏地理書	【民國】謝復	玄空體用兼備、深入淺出
67	論山水元運易理斷驗、三元氣運說附紫白訣等五種合刊	【宋】吳景鸞等	失傳古本《玄空秘旨》《紫白訣》
68	星卦奧義圖訣	【清】施安仁	
69	三元地學秘傳	【清】何文源	
70	三元玄空挨星四十八局圖說	心一堂編	三元玄空門內秘笈　清鈔孤本 過去均為必須守秘不能公開秘密 與今天流行飛星法不同
71	三元挨星秘訣仙傳	心一堂編	
72	三元地理正傳	心一堂編	
73	三元天心正運	心一堂編	
74	元空紫白陽宅秘旨	心一堂編	
75	玄空挨星秘圖 附 堪輿指迷	心一堂編	
76	姚氏地理辨正圖說 附 地理九星并挨星真訣全圖 秘傳河圖精義等數種合刊	【清】姚文田等	蓮池心法　玄空六法 門內秘鈔本首次公開
77	元空法鑑批點本——附 法鑑口授訣要、秘傳玄空三鑑奧義匯鈔 合刊	【清】曾懷玉等	
78	元空法鑑心法	【清】曾懷玉等	
79	曾懷玉增批蔣徒傳天玉經補註【新修訂版原（彩）色本】	【清】項木林、曾懷玉	
80	地理學新義	【民國】俞仁宇撰	
81	地理辨正揭隱（足本） 附連城派秘鈔口訣	【民國】王邈達	揭開連城派風水之秘
82	趙連城傳地理秘訣附雪庵和尚字字金	【明】趙連城	
83	趙連城秘傳楊公地理真訣	【明】趙連城	
84	地理法門全書	仗溪子、芝罘子	巒頭風水，內容簡核、深入淺出
85	地理方外別傳	【清】熙齋上人	巒頭形勢、「望氣」「鑑神」
86	地理輯要	【清】余鵬	集地理經典之精要
87	地理秘珍	【清】錫九氏	巒頭、三合天星，圖文並茂
88	《羅經舉要》附《附三合天機秘訣》	【清】賈長吉	清鈔孤本羅經、三合訣法圖解
89－90	嚴陵張九儀增釋地理琢玉斧巒	【清】張九儀	清初三合風水名家張九儀經典清刻原本！